U0949645

任正非全传

倪云华◎著

中国出版集团公司
中国民主法制出版社
全国百佳图书出版单位

图书在版编目 (CIP) 数据

任正非全传 / 倪云华著 . — 北京 : 中国民主法制出版社 , 2019.10

ISBN 978-7-5162-2097-9

Ⅰ . ①任… Ⅱ . ①倪… Ⅲ . ①任正非 – 传记 Ⅳ . ① K825.38

中国版本图书馆 CIP 数据核字 (2019) 第 220533 号

图书出品人 / 刘海涛
出 版 统 筹 / 周锡培
责 任 编 辑 / 梁 惠 黄宝强

书名 / 任正非全传
作者 / 倪云华 著

出版 · 发行 / 中国民主法制出版社
地址 / 北京市丰台区右安门外玉林里 7 号（100069）
电话 / 010-63292534 63057714（发行部） 63055259（总编室）
传真 / 010-63292534
Http: //www.npcpub.com
E-mail: mzfz@npcpub.com
经销 / 新华书店
开本 / 16 开 710 毫米 ×1000 毫米
印张 / 17.25
字数 / 180 千字
版本 / 2019 年 12 月第 1 版 2019 年 12 月第 1 次印刷
印刷 / 北京楠萍印刷有限公司

书号 / ISBN 978-7-5162-2097-9
定价 / 45.00 元

前　言

任正非，注定是一个中国商业史无法绕开的名字。与其说是非凡的人物创造了非凡的历史，倒不如说是艰辛的岁月磨砺出了一个个非凡的商界精英。

1987年，在深圳南山区南油工业区的一间破旧厂房里，一个名叫“华为”的小公司成立了。创办它的，是一个名叫任正非的43岁中年人。

30年后的2017年，曾经那个诞生于破旧厂房里的名叫“华为”的小公司，已经成长为全球通信技术行业的领导者，业务遍布全球170多个国家和地区，年销售收入达到5000多亿元，一跃成为世界500强公司中的前百强企业。

伴随着华为名扬中外的，还有它的创始者任正非。这个曾经在缺少资本、缺少人脉、缺少技术、缺少市场经验的前提下，用短短30年便将华为带出国门、带向世界的人，究竟是如何一步步让华为由弱变强、走向世界前列的呢？

1987年，从部队退役的任正非来到深圳南油集团工作，成为该集团下属一家电子公司的副总经理。在尔虞我诈的商场，为人诚恳、做事直接的任正非很快便遭遇到了人生的第一个“寒冬”。因为一单生意被骗，他被迫离开南油集团，成了一个“无业游民”。

在就业无门的情况下，任正非和几个志同道合的朋友，拿着东拼西凑的2万元钱，创立了一个寓意为“中华有为”的公司——华为公司。不过，当时谁也没想到，这个诞生时一无所有的小公司，日后竟然改写了中国乃至世界通信制造业的历史。

时势造英雄。任正非的成功，正好印证了这个观点。

20世纪90年代初，随着改革开放和现代化建设的不断深入，社会对通信的需求呈现出了雪崩式的增长，通信供需矛盾十分突出。眼光敏锐的任正非抓住这个机会，很快便让华为赚到了第一桶金。

此时，国内的各种通信技术基本都是空白，这又让任正非发现了通信技术的重要性，为此，他将赚到的第一桶金孤注一掷地全部投入到自有技术研发之中，并从此一发而不可收。

从创业之初的小公司，到如今成长为全球数一数二的国际型大企业，任正非带领华为走过了20多年相当艰苦的历程。这其中的艰难和坎坷，不是一般人所能体会和理解的。然而，军人出身的任正非却说：“我们要塑造艰苦奋斗、吃苦耐劳的灵魂，我们要做烧不死的火鸟，要成为凤凰！”

当时，中国在科研方面的能力非常有限，当国门稍稍打开时，国内通信市场的大部分资源便成了国际巨头们的碗中羹、盘中餐，以“七国八制”为主体的巨头们很快就瓜分了国内的通信市场。

面对此情此景，期望“中华有为”的任正非自然无法忍受。他很清楚，要想让中华真正“有为”，单靠吸引外资是远远不够的，还必须拥有真正属于自己的技术和产品。为此，任正非一方面积极与竞争对手展开博弈，另一方面不断更新自己的技术和产品。在任正非的带领下，华为终于有了自己的3G技术，走进了4G时代，最后又将坚定的步伐迈向了5G市场。

通过积累，华为已经从一个最初只有6人的小作坊，摇身一变成为拥有20万大军的世界级大型企业。这是令人叹服的，也是极其不易的。在看似光鲜的外表下，隐藏的往往是无尽的艰辛和不断的挑战。

如果说技术是支撑华为前进的一只车轮，那么华为的另一只车轮就显得更为重要，那就是精神。技术可以研发，而精神却是独一无二和不可复制的。华为的精神就来自任正非。

技术是华为的基础，也是华为的利器，但仅仅拥有技术就能成功吗？除了核心技术，对于华为和华为人来说，最宝贵的还有他们的核心企业精神。这种核心企业精神也来自任正非。

在华为的整个诞生、成长、发展、提升过程中，不论遭遇什么样的困难，不论陷入怎样的“瓶颈”，任正非都是这其中最为核心的精神领袖，没有之一。企业创立之初，他强调艰苦奋斗的精神；到企业有所发展时，他的内心又时刻充斥着危机意识；当所有人都在为华为的成功欢呼时，他所想到的却是两个字——“失败”……华为显然是成功了，但任正非却对华为的成功有着如此清醒的认识，这实在是华为之幸！

如今，随着中美贸易争端的加剧，华为也将迎来新的、更加艰难的挑战。一向沉稳、低调的任正非也因此被推到台前，再次成为世人关注的焦点。

本书通过记录任正非的人生历程，不仅展示了这位“不想当英雄”的英雄的传奇奋斗史，也展示了中国通信产业从蹒跚学步到健步如飞的艰难发展历程。可以说，这既是一本任正非的个人传记，也是一幅中国通信产业的发展图景。那些带着时代烙印，一路历经沉浮、披荆斩棘的奋斗者，才是真正的创业者和企业家。

“我的世界没有第一”，华为要走的路还很远，任正非要面临的坎坷还很多。但无论如何，华为都是一家伟大的企业，任正非也无疑是一位伟大的企业家。

目　录

第一章 谁是任正非

2019年，5G商用元年。作为领先世界的5G技术的成功研发者，华为的一举一动都让世界关注。然而从2018年到2019年，在愈演愈烈的中美贸易战中，关键性事件都与华为有关。美国甚至多次借口打压、制裁华为，还于2019年5月15日单方宣布：将华为及其70个附属公司列入出口管制的“实体清单”。在这种情势下，一向低调的任正非和他所创办的华为被推到台前，成了全球瞩目的焦点。

那么，任正非到底是个什么样的人？面对与美国之间的贸易摩擦，他会持什么态度？华为又将采取哪些应对措施呢？

1.1 我从来不想当英雄

2018年12月1日，加拿大温哥华机场，华为副董事长、CFO、华为创始人任正非之女孟晚舟女士在加拿大温哥华机场转机时，突然被十几个加拿大警察带走。

12月6日，有消息传出，加拿大警方之所以拘捕孟晚舟，是应美国当局要求，理由是华为公司违反了美国制定的伊朗贸易禁令。逮捕孟晚舟，则是因为要将其“作为美国调查的一部分”。为此，美国正试图引渡孟晚舟，使其面临纽约东区未指明的指控。

一时间，“孟晚舟事件”引起了全世界的轰动，同时也将华为和它的创始人任正非推上了风口浪尖。

事实上，这一事件早有端倪。

在此之前，华为和任正非都非常低调，甚至低调到很多人认为华为就是个卖手机的企业。但事实上，华为所做的事、所创造的价值，却一点都不低调！我们熟悉的手机业务其实只是华为的副业，运营商业务和企业业务才是华为的重中之重。虽然手机只是副业，但华为现在已经超越苹果，成为全球仅次于三星的第二大手机厂商，而运营商业务与企业业务更是已经做到了世界第一。迄今为止，全球有170多个国家都在使用华为的技术，它服务于全世界三分之一的人口，支撑着30多亿人打电话、发短信、上网等需求。

华为快速、稳健的发展势头，自然引起了全世界的关注，但同时也引起了竞争对手——“山姆大叔”的不满。其实从1997年任正非带领华为雄心万丈地进军美国市场，在美国通信领域大展拳脚时起，美国政府对华为的各种怀疑、审查就没有停止过，双方的交锋也随着华为的日益壮大而不断升级。先是被美国老牌企业思科起诉侵权，双方来了一场“世纪之讼”，此后又遭遇美国“本土势力”多次阻挠，比如阻碍华为收购3Com公司。

但是，华为并没有因此停止发展的脚步，相反步伐还越来越快、越来越稳。2018年，华为再创新高，不仅将1000多亿美元的利润收入囊中，还成为继苹果、三星之后全球第三家迈入千亿美元俱乐部的电子公司。

2018年下半年到2019年年初，中美贸易争端不断升级，作为在通信科技领域处于世界领先地位的华为，自然成为这一背景下首先被波及的企业之一。于是，“孟晚舟事件”便不可避免地发生了。作为华为的副董事长、首席财务官、任正非的女儿，孟晚舟的身份既重要又特殊，而这样一个重要且特殊的人，却被加拿大应美方的要求拘捕了，其真实意图不言而喻。

这件事一经披露，立刻在全球舆论和国际市场上掀起了巨浪，中方更是在第一时间表明态度，要求美、加两国立刻恢复孟晚舟女士的人身自由。

经过多方的努力，2018年12月12日，此前一直处于被拘押状态的孟晚舟女士获准保释。但是，结果也只是“保释”，并没有按照中方要求的那样：放人。

不过，美国对华为的制裁至此还远没有结束。2019年5月15日，美方宣布：将华为及其70个附属公司列入出口管制的“实体清单”。这意味着，美国企业要想与华为合作，必须经过美国政府的批准。如果没有美国政府的许可，那么华为将无法向美国企业，如高通、英特尔等购买技术和零件。

这种做法，对任何一家科技企业来说打击都是极大的。如果说此前的“孟晚舟事件”是美国打了华为一棍子，那么这次事件就等于美国已经直接对华为使用了手枪。据业内人士分析，美国之所以屡屡对华为放大招，其原因并不仅仅在于中美之间的贸易冲突，还包含许多对未来技术的争夺，例如5G。

如果从与世人息息相关的消费、金融、医疗、交通等方面来说，4G对人类生活方方面面的影响已经初露锋芒，那么与4G比起来，5G的超高网速、超低延迟、超广连接等特点，可以说能令世界发生颠覆性的改变，继而激发消费、金融、医疗、交通等方方面面的无限潜能，在人类科技史上引发全方位的产业革命。打个最简单的比方，如果你想下载一部时长2小时的电影，通过4G网络需要5～8分钟，而通过5G网络，你只需3.6秒。支撑着下载速度如此之快的，就是5G速率的提升。

如此具有颠覆世界影响力的5G技术，一向自诩为全球技术领先的科技大国——美国当然志在必得。但出于自身的种种原因，美国在5G技术上并没有跑过中国。如今在5G技术上，中国已成为公认的No.1（第1名）。不论是5G基站的建立，还是5G的终端产品，全球能够提供完整端到端的5G解决方案的设备商，也只有华为和中兴两家，可以说，中国已经建立起了自身的优势地位。显然，这是美国所不能容忍的。为遏制中国5G的发展，此前美国已对友商中兴发力，使中兴饱受屈辱，此次对华为更是“毫不客气”。

然而，美国可以不接受华为、中兴这些中国企业的发展速度，却不得不接受5G的出现和中国高速的发展步伐。2019年6月6日，中国商用5G牌照正式发放，中国移动、中国联通、中国电信及中国广电各获得一块。在最新的5G市场，华为也已实现了所使用的芯片和核心部件全部为自主研发生产。在5G的起跑线上，华为再一次成功领跑。到2019年上半年，华为已经拿下了全球范围内的30多张5G订单。

华为5G技术的发展之快自然令国人大为振奋，但随之而来的还有美国对华为的各种禁令、扼杀，其中也包括此次直接拘捕孟晚舟女士。这也让外界越来越担心，美国的禁令是否会对华为包括智能手机在内的业务产生冲击？华为接下来的命运会怎样？此时，大家将更多的目光投向了华为那个略显神秘的创始人——任正非。

在2019年以前，任正非都很少出现在公众面前。无论是媒体采访、电视直播，还是在华为产品的各种宣传活动中，人们几乎都看不到任正非的身影。可以说，作为华为帝国的缔造者和掌舵者，任正非是一个极其低调的人。但中美贸易之间的摩擦不断升级，孟晚舟被捕，华为作为其中的“主角”，任正非想低调也难了。

既来之，则安之。在这种情况下，任正非和他的华为也一改常态，变得“高调”起来。

2019年5月21日，在“实体清单”事件刚刚发生后不久，任正非就在深圳华为总部接受了央视《面对面》节目的独家专访。在采访中，主持人问任正非：“华为现在是不是已经到了最危险、最危难的时刻？”

任正非坚定地回答说：“不会。在没有受到美国打压的时候，在‘孟晚舟事件’没发生的时候，我们公司是到了最危险的时候。惰怠，大家口袋里都有钱了，不服从分配，不愿意到最艰苦的地方去工作，这才是危险状态。而现在，我们公司全体振奋，整个战斗力都蒸蒸日上，这应该是最佳状态了！”

主持人又问：“很多人觉得，在美国这样压境的时候，您就是一位民族英雄，您愿意接受这样的称号吗？”

任正非却大笑着说：“不接受不接受。我根本就不是什么英雄，我从来都不想当英雄。”

在任正非看来，不管在什么时候，华为都是一个正常的企业，做着企业本来该做的事，生产商业性的产品，而商品的买卖是不代表政治态度的。这也是华为和任正非在面对美国的各种审查、打压时一贯所坚持的态度。所以即使在女儿孟晚舟被无故拘捕时，任正非也一直强调，自己“相信美国和加拿大法律制度的开放性，相信女儿的案子将以正义的胜利告终”。

任正非对美国、对“孟晚舟事件”的态度，也代表了华为的态度。“孟晚舟事件”发生后，华为官方表现出了一个大国企业的应有风度：冷静、克制。哪怕是一向以脾气暴躁而闻名的任正非，面对女儿的无故被拘留，也仍然保持着冷静的态度。

这是华为的成熟，也是华为的底气。正如任正非在《华为的冬天》中所表达的那样："华为就是在危机与忧患中一步步走向强大的。"

所以，尽管华为不断遭到美国方面的压制，任正非仍然不希望中国民众将其上升为政治问题和民族问题，甚至将他当成是对抗西方霸权主义的"民族英雄"，这种态度过于极端，也不利于企业的发展。华为作为一个中国企业，能得到国人的支持自然是好事，但他更希望国人能够用一种平心静气的态度去支持华为。

作为一个企业家，任正非一直都具有较强的危机意识。在他看来，一个优秀的企业家，不仅要能预见未来，尤其是预测未来的危机，还要为未来的危机提前做好预警和预控。这样在面临危机时，才能不慌张、坐得住，内心平静得像一潭湖水。任正非觉得，这才是自己和华为应具有的心胸与内涵。所以，不管外界如何评价华为、评价"孟晚舟事件"，甚至如何评价任正非这个人，他都不在意。他更在意的是，华为此次要如何才能顺利、平稳地度过到来的"冬天"。

1.2 不死的华为

众所周知，美国是一个超级大国，其GDP占据着世界近30%的份额。美国也拥有世界上容量和需求最大的市场。从石油到微处理器，再到食品、饮料……美国市场所涉及的领域几乎无所不包。同时，美国也是世界高端技术大国。基于此，全世界的公司都希望能进入美国的市场，学习美国先进的管理理念，靠近技术创新的最前沿，从而为公司开拓出更广阔的发展空间。

显然，美国市场是世界上最成熟的市场，但同时，它也是世界上最难进的市场。亚洲的许多公司都在这个市场上栽了跟头，比如台湾的宏碁电脑。在过去十多年中，宏碁花费了10多亿美元在美国拓展市场，但终因亏损严重而退出。

因为进入艰难，所以我国国内的许多公司大多都是通过接单生产或OEM（定点生产）的方式进入美国市场的。比如科龙，其出口到美国的产品一直都以美国公司的品牌进行销售。

毫无疑问，作为一家高科技公司，一家目标远大的公司，在打开亚、非、拉、欧等市场后，进军美国市场无疑也成了华为的头等大事。

但是，华为在美国市场的发展却步履维艰，其中不仅因为有思科这样的巨人对手存在，更重要的原因在于，随着华为技术水平的不断发展和提升，美国政府开始怀疑华为的技术会对其国家安全造成威胁。尤其是华为5G技术的研发成功，更让美国感受到了被追赶、被超越的威胁，而这自然是自诩为“超级大国”的美国所不能允许和接受的。

那么，让美国政府如此“不放心”的5G技术为什么会如此重要呢？

早在2009年，在首个4G商用之时，任正非就已经开始投入大量的人力、财力着手对5G进行研究了。5G网络是第五代移动通信网络，相比于4G，5G网络的最大优势就是速度快，且数据更加稳定，最高理论传输速度可达每秒数十Gb。而经过十余年的技术研发，如今华为在5G标准上已大幅领先于其他厂商。

首先，国际5G信号标准和5G核心的专利拥有者中，最有话语权的为华为与美国高通。其中华为的优势主要体现在通信短码上，高通的优势则集中在长码上。

其次，在提供推动5G网络建设的解决方案并加以建设验证的全球运营商和手机解决方案厂家中，目前华为力压瑞典的爱立信排名第一，接着才为爱立信、诺基亚和中兴。

最后，在基于5G解决方案提供商基础上的手机品牌商中，以及5G应用服务厂商中，华为与三星、苹果三家公司成为目前全球手机销量最好的三家手机品牌商。

由此可见，每一项影响5G主导地位的核心技术中，都有华为的深度参与，而且华为已经毫无悬念地处于核心地位。

其实在2019年以前，任正非对5G技术还保持着比较低调的姿态。他曾在2018年时指出，5G不可能像4G技术那样势如破竹般地发展，可能会是东爆一个“地雷”，西爆一个“地雷”。然而“孟晚舟事件”发生后，任正非的心态发生了变化，华为的策略也发生了变化。西方一些国家对华为的不断打压，使任正非逐渐认识到：低调可能会让人认为你真的很软弱、很好欺负！为此，任正非决定不再低调，而是站出来给予回应及还击。

2019年2月22日，任正非宣布公司进入战时状态，并对公司的战略方针和组织结构进行了全面的调整。同时他还一改往日不接受媒体采访的低调姿态，接受了央视的采访，并高调地表示：“不管是5G还是微波，华为都是世界上最好的，能把5G和微波结合做成基站的，现在也只有华为一家，所以他们非用不可！”

虽然不断遭受打压，但是任正非仍然自信满满：“华为的5G绝对不会受影响。在5G技术方面，别人两三年肯定追不上华为。”而且以后，“不是这些国家禁止华为的5G，而是求华为把这种5G卖给它们”。

在“孟晚舟事件”发生后，美国对华为的制裁态度由暗转明，这也令外界认为华为已经到了生死攸关的时刻，甚至对华为表现出了一定的担忧。但作为华为的掌舵人，任正非却表现得很乐观：“我们从来没觉得我们会死亡，我们已经做了两万枚金牌奖章，上面的题词是‘不死的华为’。我们根本不认为我们会死，我们为什么把死看得那么重？我们应该梳理一下我们存在的问题，哪些问题去掉，哪些问题加强，胜利一定是属于我们的。”

其实从创立华为的那一天起，任正非就只有一个目标：让华为活下去。为此，他也不止一次地在各种内部会议上向员工强调这个目标。而在此次华为遭遇美国的制裁危机时，他的态度仍然如此："我们要活下去。以前这是最低纲领，现在这是最高纲领。"当然，面对美国的针锋相对，任正非也做好了各种应对准备，他甚至向员工谈了最坏的打算："如果美国不给我们科技制造的要素，哪怕从零开始，我们都需要自己去创造要素。不能一听蝼蛄叫，就不敢种庄稼了！"

在任正非看来，西方一些国家现在不接受华为，如果只是少数议员和官员的意见，那么华为会去进行积极的沟通，但如果上升到了政府规定，那华为的销售完全可以退出这个国家。华为可以适当收缩自己的业务范围，"只要能养活自己的员工，就一定会有未来"。更重要的是，"只要把产品做好，总会有人买的"。"这才是我们真正应对这个变化的世界永不改变的方法。"

从任正非的应对策略及未来设想中我们也可以看出，华为对美国的打压和封杀虽然表现出了无奈和愤怒，但更多表现出来的却是从容应对，原因正如任正非所说的那样："美国不代表全世界，美国只代表世界的一部分。"而且对于华为和任正非来说，面对诸多极端不公平事件，或许越挫越勇、厚积薄发，才是最好的反击！

不为外物所动之谓静，不为外物所实之谓虚。面对来势汹汹的各种危机，有底气的任正非从未被打乱阵脚。这就是任正非，有着长远的目标，却毫无骄横和急功近利之心，始终以一种"乌龟精神"坚守内心，持续努力，却又有着狼群般的坚忍不拔。

1.3 没有美国市场，华为也是世界第一

华为曾有一种说法：要倒下五拨人，才能起来一片市场。

此言不虚。

2004年，爱立信曾嘲笑华为所谓的全球11个3G网络基站数量还不如爱立信一个3G网络基站的数量多。原来，当时华为的3G网络基站都建立在一些小国家，如毛里求斯、肯尼亚、突尼斯等。任正非也意识到，以华为当时的市场地位，这样的格局是十分危险的，一个大企业的并购行为就可以将华为扫地出门。所以，他当即就立下了进驻主流国家和做主流运营商的目标。

但是，华为要进入主流国家、主流市场并不容易。那时，西方主流市场都被爱立信、西门子、阿尔卡特等企业巨头霸占，想在这样的市场与这些电信巨头分一杯羹，其难度可想而知。

不过，经过好几拨人倒下后，华为还是打入了欧洲市场，而且在欧洲市场上获得巨大成功，因此欧洲市场也被任正非称为华为的“第二个

本土市场”。

接下来，任正非就开始雄心勃勃地将美国作为其全球商业帝国的最后一块拼板，准备将华为的旗帜插到美国去，让中国的国旗和华为的旗帜飘扬在美利坚合众国的上空！可是让他没想到的是，华为进军美国的道路异常艰难，甚至在刚刚试探着进入时，就被思科给顶了回来，提起了诉讼。

美国市场的艰难，也让任正非意识到了华为“冬天”的严酷。但是，这个“冬天”却一直没有完全过去，自从进入美国市场，美国便对华为各种怀疑、审查，直至2019年出台“实体清单”，将华为及大批中国企业挡在美国的大门之外。

被迫退出美国市场后，华为的发展是否会受到影响？

2019年5月23日，任正非接受了《时代》杂志的专访，其中便谈到了美国对华为的制裁问题，任正非的回答是：“我不知道美国的动机是什么，美国我们暂时不做也没多大关系。至于美国市场我们有没有可能进去，对我们来说也并不重要，因为没有美国市场，华为也是世界第一。”

“华为是世界第一”，任正非说得底气十足。虽然对于大多数人来说，了解华为都是从手机开始的，但就像我们前面说的那样，华为的主营业务并不是手机，而是运营商业务和企业业务。

从手机业务来说，2018年全球手机的出货量中，三星排名第一，苹果排名第三，第二名就是华为。也就是说，华为的手机业务已经超越了曾经风靡世界的苹果手机。

从运营商业务来看，尤其从5G技术来看，华为的确也做到了世界第一。5G设备包括基站设备和光通信设备，根据市场调查显示，在全球市场中，华为的基站设备占有率为30%～35%，光通信设备占有率为40%～45%，并且以上均为全球第一大设备供应商。而在全球市场中，中国的基站设备占有率为30%～40%，光通信全球市场占有率约为70%。

不仅5G设备的全球市场占有率遥遥领先，华为的5G专利技术也已经成为全球第一。根据国际权威的专利数据统计公司德国IPlytics发布的报告《谁领跑5G专利？》显示，截至2019年4月，全球5G标准的必要专利总数量为6万多件，其中中国企业所申请的5G标准必要专利数约占35%，而华为则以15%的专利占有比例位列所有申请企业中的第一位。

尽管成绩斐然，但华为并没有躺在曾经的风光里睡大觉。虽然已经拥有诸多专利技术，但是华为每年仍坚持将10%以上的销售收入投入到技术的研究与开发当中。仅2018年一年，华为的研发支出费用就高达1015亿元。近10年来，华为在技术研发方面投入的费用更是近5000亿元。

毋庸置疑，华为已经成为当前5G领域技术实力最为雄厚的一家科技公司。5G强调的就是端到端的能力，为了使5G应用获得更好的服务质量，华为参与了推动端到端的网络切片技术，而为了弥补5G上行覆盖不足的情况，华为又在上下行解耦合3D波束赋形方面进行了大量的投入。目前，这些技术都已经被华为成功运用到实践当中。

5G时代，什么最重要？芯片。芯片一直都被美国当成看家宝，而芯片能否做好，也直接关系到5G是否能真正做好。为解决这一大难题，任正非在芯片研究方面也投入了大量的人力和物力。其实，早在3G时代，任正非就已经开始安排华为自主研发无线芯片了。2004年，华为发布了中国第一个3GASIC芯片；2008年，发布了世界上第一个HSPA芯片；到2016年，华为又发布了世界上第一个4.5芯片。可以说，华为在4G时代已经实现了竞争力赶超。而到了5G时代，华为又研发了巴龙（多模终端芯片）、天罡（64T64R基站芯片）、Solar6.0（路由器芯片）等一系列业界顶尖的产品。

可以说，不论是标准、芯片，还是基站设备、网络部署以及终端，任正非所带领的华为都已迈入了世界领先的梯队。所以，手机业务只是华为的一个副业而已，华为真正厉害的是主业——通信技术，而这也正是让美国始终有所忌惮的地方。

一直以来，美国都是世界领先的科技强国，在众多科技领域，如果没有美国相关核心技术的支持，很多行业都可能无法运转。比如我们最常用的电脑桌面系统、手机系统、CPU芯片、半导体材料、生物科技，等等，这些行业的核心技术都由美国相关企业掌握着，就连3G、4G的相关核心技术也掌握在美国高通手中。基于这些，美国早已习惯了在众多科技行业中扮演老大的角色，在他们的潜意识中，自己国家的科技水平和科技能力如果说第二，那就没人敢说第一。但是，如今这种情况正在悄悄发生转变，至少在5G技术方面，华为显然已经超越了美国的企业。

那么，美国市场对华为又有多大的影响呢？没有了美国市场，华为会遭受多大的损失呢？

从华为2018年的年报数据来看，在华为2018年业务地区分布中，中国排在第一位，占华为全年业务收入的51.6%；排在第二位的是欧洲、中东和非洲地区，占全年业务收入的28.4%；而整个美洲，仅占华为全年业务收入的6.6%。相对于华为整年的业务收入来说，美洲的这点比例实在是微不足道。

因此，任正非才可以霸气地宣言：“没有美国市场，华为也是世界第一。”

任正非一直强调：真正可怕的不是竞争对手，而是时代和自己。时代的变化速度太快了，技术革新的速度也太快了。2013年，任正非在华为内部干部大会上曾感叹道：“这个时代前进得太快了，若我们自满自足，只要停留3个月，就会注定从历史上被抹掉。”

而那些被历史淘汰的大企业，“不是因为他们不努力、不够聪明、没有钱，恰恰是因为在转折面前，已有的成功往往变成了他们沉重的包袱，甚至已有的经验会束缚他们的思路。所以，我说死去的恐龙不是死在对手的手里，而是死在自己的手里”。这是360的周鸿祎在谈到企业竞争时说过的一段话，今天看来仍然非常精辟。

对于华为和任正非来说，当下的华为虽然仍是世界第一，但不可否认的是，美国的制裁还是会对华为未来的发展及5G技术的投入使用产生一定的负面影响，这对华为来说也是一次重大的转折。任正非要如何带领华为突破困境，成功涅槃？让我们拭目以待。

1.4 华为要打的是持久战

毛泽东写过一篇文章，叫《论持久战》，内容是关于中国抗日战争的发展规律和方针方向的。其中讲到：日本不可能速胜，中国不可能速败，战争是在双方的相持中不断变化的，而变化会对中国战场越来越有利。

军人出身的任正非，平时很喜欢读《毛泽东选集》，据说他在部队期间还是“学毛标兵”。在发展华为的过程中，任正非也经常运用毛泽东的兵法策略来管理华为。如果我们仔细研究华为的发展，就会发现其市场攻略、客户政策、竞争策略、内部管理及运作等方面，处处都带有传统的谋略智慧和“毛泽东式”斗争哲学的痕迹。最典型的一个例子，就是华为成立初期对“农村包围城市”战略的运用。

1992年，华为自主研发出JD48系列交换机及设备，当时国内的市场由阿尔卡特、朗讯、北电等国外大企业把持着，华为根本渗入不了市场。但任正非认真分析后，决定采取“农村包围城市”的战略方针，先从农村入手，再慢慢渗透回城市。很快，这种战略就迅速攻城略地，通信设备价格也直线下降。

1996年，任正非带领华为进军世界，继续运用这种战略思想，先是在非洲、东南亚等相对于欧美“城市”的“农村”市场，待积蓄力量后，再大举进攻欧美市场，并逐渐蚕食了欧美电信商的市场。

熟知毛泽东策略的任正非，对《论持久战》自然不会陌生。一直以来，他都将企业的长久发展作为最大的目标。他认为，企业生存和发展的目标可以归纳为相互关联又不能等同的三个词，即“做强”“做大”和“做久”。绝大多数经营者都有将企业“做强”“做大”的雄心，但却缺乏“做久”的胸怀和格局。从这个角度来说，任何一个企业都需要有长久发展的策略。从国内外所有百年企业的发展来看，它们之所以能超越固有的企业寿命周期，就在于它们一直处于相对稳定的成长期和成熟期，可以保证企业在上百年的时间当中一直持续生存和发展。

物壮则老，任正非自然深谙这个道理。在任正非的文章《不做昙花一现的英雄》中，他就说：“繁荣的背后都充满了危机，这个危机不是繁荣本身的必然特性，而是处在繁荣包围中的人的意识。艰苦奋斗必然带来繁荣，繁荣背后不再艰苦奋斗，必然丢失繁荣……我们越发展，竞争对手实力越强，竞争就越困难。我们要在思想上有长期艰苦奋斗的准备，持续不断地与困难斗争之后，才会有一场迅猛的发展……”

此外，任正非还多次强调，人在任何荣耀与失败面前，都要平静得像一湖水。这也是任正非所认为的华为人对于华为现今所取得的成就与应有的态度的概括。华为已经取得了为世人所瞩目的成就，华为人可以为此而骄傲，但仅仅满足于现状、沾沾自喜，不把眼光放长远些，华为的发展势必会停步甚至后退。

如今，面对华为与美国之间不断出现的贸易冲突，任正非自然也有自己的一番打算。因此，在接受采访时，当被问到将如何“面对未来也许会长期存在的中美贸易冲突”时，他的回答是：“我们准备打持久战，我们没有准备打短期突击战，持久战越打，我们可能会越强大。”

的确，在美国政府发布打压华为的禁令后，美国的许多企业都与华为纷纷“断交”，先是谷歌中断了部分与华为之间来往的业务，而一些西方消费者很看重谷歌的服务，这势必会影响华为手机在海外的销量。接着，微软也下架了华为的笔记本，甚至还传出微软将不再为华为提供Windows系统，这也会影响华为笔记本的销量。另外，全球芯片领导者ARM也不再为华为供货，这又对华为制造芯片产生了很大影响。

除此之外，蓝牙、IEEE、Wi-Fi联盟等多个国际组织也纷纷取消或暂停华为在这些机构中的会员资格。

在这种极度的压制下，华为想自救和反击显然更需要时间。

当然，从创办华为之日起，任正非就没指望依靠别人吃饭，他秉承的理念始终是：一切只有靠自己。虽然华为的一些技术和芯片需要从国外引进，但华为自己也在不断研发和创新。在2018年的年报中，华为就曾直言：“针对极端情况下的供应安全，我们十几年来的创新投入，可以确保不会出现重大问题。”

追溯到更早一些时候，华为2014年的年报中，就曾提到供应链的潜在风险问题：“虽然华为力求避免单一来源供应商的解决方案，这并不总是可以实现的。因为替代供应商或重新设计产品可能需要大量时间，任何单一供应商的失败可能会中断我们的产品供应和支付，为此公司定期进行供应商审核和评估，提前启动替代或重新设计，以降低风险。”

可见，任正非早已做好了两手准备。熟悉任正非的人都知道，“居安思危”一直都是这位华为总裁平时讲话中极为重要的一部分，不管是《华为的红旗到底能还能打多久》，还是《华为要做追上特斯拉的大乌龟》，强烈的危机感都始终贯穿其中。这种危机意识甚至表现在，在看了电影《2012》后，任正非也会提出相关的建议：信息爆炸或许就像数字洪水一样，华为要想生存，就必须造一艘“诺亚方舟”。

在这种背景下，华为成立了专门负责创新基础研究的“诺亚方舟实验室”，开始了对芯片和操作系统的研究。经过7年多的研发，目前华为已经推出了“海思”多款芯片，其中的麒麟芯片也已成为华为手机构筑竞争力的重要武器。在“实体清单”事件后，华为第一时间便启动了“海思”备胎计划，以确保华为在手机领域实现自给自足。同时，还于2019年9月推出了自己的操作系统——鸿蒙系统。

当然，华为目前的产品可分为手机、基站及服务器等。在手机领域，海思系列下的麒麟芯片是完全可以胜任的，但在一些其他领域，如射频等，还需要继续进行研发，所以这部分业务可能会暂时受到影响。

不过，作为华为的灵魂人物，任正非对华为的未来充满信心，毕竟这么多年的研发投入都陆续看到了成果。正如任正非说的那样：“这就像家里的土地，牛粪、猪粪撒到地里，土壤肥力好了，过几年庄稼就可以多收。我们现在讲要加大战略投入，就是这个原则。”而且在任正非看来，当前的华为不仅要做好与美国“打持久战”的准备，努力强大自己才更加重要，尤其在经历了中兴、大疆等事件后，核心技术对于科技而言，其重要性不言而喻。所以，也正如任正非所说：我们要打持久战，打得越久，华为就会越强大。

1.5 真正的爱国是强大自己

说起“爱国”，很多人认为只有用国货才是爱国，否则就是崇洋媚外，应该遭到谴责。而作为华为的掌舵者，任正非始终坚持的观点就是：“打着爱国的幌子做生意，是害国。真正的爱国，是强大自己。”

在任正非看来，华为的产品像其他所有的商品一样，只是一种商品，不带有政治性。国人喜欢，就用，不喜欢，就不用，“不要和政治挂钩”。“我的小孩用苹果，难道就是不爱华为、不爱国吗？不能这么说！”

对此，华为消费者业务CEO余承东很不理解，他认为，作为华为的老总，不宣传自己的产品，却去宣传别人的产品，实在不应该！但任正非说：“我讲的是事实，不能说用华为的产品就是爱国，不用就是不爱国……华为是商业公司，我们的广告牌上从来没有‘为国争光’这类话语。”

不仅如此，任正非对国外企业的先进思想和经验始终抱着学习的态度。早在1998年年初，任正非到美国考察后，在考察报告中就写道：

"中美之间的风风雨雨还会不断出现，但不影响我们向美国人学习他们的创新机制和创新精神，以促进我们更快地富强起来。"

任正非看到了中美企业之间巨大的差距，但这种差距并没让他胆怯，反而升起一股非同一般的气魄和胆识："中国是个大国，我们要像当年搞'两弹一星'一样，拿出伟大的气魄来，在经济、科技上站起来……从事高科技的产业，我们更应该向美国人学习，学习他们的创新精神和创新机制，在软件技术革命层出不穷的今天，我们始终充满追赶的机会。"

为了更好地发展华为，任正非还先后两次专门赴美国考察学习，尤其是1997年第二次访美，就是为了学习企业管理。当时，快速发展的华为让任正非最揪心的就是管理，因为华为创业团队中没有一个人从事过大型高科技公司的管理工作，从研发到市场，从生产到财务，一切都是摸索着来。在前十年，华为一直都跟在其他公司后面跑，对机会的认识往往比较随机，有机会就干，没机会就等。然而到20世纪90年代中后期，华为每年要投入几个亿搞技术研发，可由于不懂基础研究和应用研究的关系，不懂前后的有机流程，常常陷入内部的混乱状态。同时，公司内部的各种"山头主义"更加加重了管理的混乱。

在这种情况下，任正非意识到，必须对公司进行改革。为此，他专门前往美国IBM公司学习管理策略和改革措施。

在20世纪80年代初期，IBM的发展一直非常迅速，后来随着网络技术的发展，到90年代初期，却面临着几乎要解体的命运。冗员、官僚、懈怠，令公司举步维艰。1992年，IBM甚至不得不大批裁员，花费了80多亿美元的行政改革费用。

1993年，郭士纳出任IBM总裁，开始对IBM进行改革，提出了四项主张：一、保持技术领先；二、以客户价值为导向，量身定做全套解决方案；三、强化服务，追求客户满意；四、在网络类电子商务产品上发挥规模优势。

这次改革历时5年，IBM裁撤了15万人，最终令销售额增长了100亿美元，股票市值增长4倍。

IBM的转型成功，一下子激活了任正非的改革热情。郭士纳提出的四项原则，正好与华为吻合，而当时的华为也正好到了要选择方向的时刻。通过IBM的改革策略，任正非的大脑中逐渐厘清了华为未来的发展方向。为此，任正非决定引进IBM顾问公司，请他们来为华为的流程机制进行建设。

1999年，由IBM作为咨询方推出的IPD（Integrated Product Development，集成产品开发）变革在华为正式启动，并很快融入公司的管理之中，获得了显著的成效。如今，IPD理念已经融入华为人的血液。

其实，不论是华为，还是华为的领航者任正非，对“爱国”与华为的发展问题始终都有着清楚的认知。华为本质上是一家商业企业，有它商业的逻辑和发展道路，虽然其发展可能会被社会舆论所干扰，但任正非一直不希望它被所谓的“民族精神”“民族情绪”所绑架。同时，华为又是土生土长的民族企业，其资本注册地、领导人国籍、企业的商业政策等，都具有很强的“纯正血统”。而且，华为坚决不上市，不接受外来资本进入，坚持自主研发，努力打造自主品牌。从这些都可以看出，任正非所率领的华为团队对自己的国家有着诚挚的热爱和深厚的情感。

但是，爱国就一定要拒绝一切外来事物吗？显然不是。华为之所以能够发展成为一家顶级的世界级大公司，正是因为从来没有故步自封，相反，任正非一直都在非常积极地吸收国外先进的技术、设备、人才，并积极地寻求与国外优秀的企业合作。在任正非看来，即使自己在某一方面已经很强大了，也仍然有很多需要学习和与人合作的地方，要理智地处理与合作伙伴之间的关系。所以，面对美国先进的芯片技术，华为从来没有狭隘地排斥，相反，在“和平时期”，华为所用的芯片都是“1+1”结构，即有一半来自美国，另一半才是华为自己研发的芯片，“虽然我们也能做美国一样的芯片，虽然美国的芯片很贵，但不等于我们就不买了”，因为“我们不能孤立于世界”。

不过，吸收国外的技术、购买美国的芯片，并不代表华为就没有自己的东西。研发是华为的生命，华为为此不惜重金从世界各国网罗最优秀的科技人才，比如在英国建立芯片工厂时，便从德国招博士过去负责，因为德国人的动手能力很强；想要在全球范围内寻找高水平的计算机人才，便从西伯利亚大学里将世界计算机竞赛冠军用超高的薪水挖过来，为自己所用；而在俄罗斯建厂时，大幅度提高员工的工资待遇，网罗了大批的科学家、博士等高科技人才到华为工作。

此外，华为在创办发展的二十多年中投入到技术研发上的费用更是不计其数。例如，华为在2018年投入的研发费用就高达1015亿元，投入占销售收入比重的14.1%，位列欧盟发布的2018年工业研发投资排名第五位。这在中国企业当中完全是“一骑绝尘”，即使是在全球企业当中，也远远高于英特尔、苹果等顶尖企业。

之所以如此看重自主研发，任正非曾这样说：“我们想自立，就必须有实力，要有能力解决替代问题。我十年前讲，要按照极端情况进行备战，建立备胎，当时绝大部分人不相信。我说这个世界上最大的备胎就是原子弹，什么时候打过核战争？一次也没打过。我们就要坚持用双版本，80%左右的时候都用主流版本，但替代版本也有20%左右的适用空间，保持这种动态备胎状态。”

华为的“备胎”计划，也让我们见识到了什么是未雨绸缪和高瞻远瞩，正因为早早具备了风险意识，懂得自我强大的重要性，在面临今天美国的各种制裁、打压时，才能继续保持“世界第一”的心态和信心。

“爱国，爱这个国家，希望这个国家繁荣富强，不要再让人欺负了。”这应该是任正非坚持每年投入高额的费用在自主研发上的主要原因吧。

1.6 重视教育，民族才有希望

未来的人类社会将是什么样？

任正非的描述是：“未来二三十年，人类社会会演变成为智能社会，其广度、深度我们现在都难以想象。那么，如何面对一个具有不确定性的未来？我们认为，越是面对前途的不确定性，越需要探索和创造。谁能发挥创造力？主要还是依靠人才。”

纵观全球，云计算、大数据、人工智能方面的人才供不应求，顶尖人才更属于稀缺资源，而且这种情况还会不断持续。在这种情况下，企业必须未雨绸缪，大胆争夺人才，才能在未来的发展中占据主导地位。为此，华为也在积极部署人才战略，希望能够吸引到更多的顶尖人才。

在任正非看来，智能社会不会再以一般劳动力为中心，没有知识、没有文化，是根本不能驾驭未来的。这种情况对于华为来说同样如此，所以任正非常说，人才在哪里，资源在哪里，华为就在哪里。华为也在努力为人才创设合适的场景、条件，以激发人才的创新潜能。如今，华为在全球已经建立了26个能力中心，专门为全球的科学家、专家提供一个平台，目的是让科学更好地造福人类、贡献社会。

华为与一些小公司的人才管理机制不同。一些小公司招来人后，马上就让人员上岗，一旦发现不合适，随即辞退。华为并不如此，在招来新人后，首先要对新人进行深度培训，甚至直接投入到社会大熔炉中去，让他们去做市场。“销售是一段刻骨铭心的经历，没有做过销售的人生是不完整的。”这是华为市场人员经常挂在嘴边的一句话。正因为如此，华为才打造了一支令对手胆寒的“狼性销售人才”队伍。

华为内部还有一个规定：一旦出现职位空缺或设立新职位，就利用内部招聘信息栏征招，对报名的人现场召开竞聘大会，每个竞聘者做15分钟的竞聘演讲，然后评委和听众当场提问，公司高层和专家智囊团组成评审委员会，根据竞聘者递交的竞聘报告、提交的方案质量、现场表现等给出综合评分，当场任命。

任正非这种“不拘一格降人才”的做法，激活了华为的发展活力，更增强了员工积极工作的信心，从而使华为一直保持着旺盛的生机。

但是，所有这一切理论与实践，都需要有一个重要的前提，就是必须有人才。人才从哪里来？自然是从教育中来。

因此，2019年1月17日，任正非在接受《面对面》节目专访时，意外地提到了国家的教育问题。在外界看来，此时已是华为生死攸关的时刻，而作为华为总裁，不谈华为的发展和出路问题，反而不停地重申教育问题，这不禁让人疑惑。

其实，如果耐心地将当时的访谈全部看完，大家或许就会明白任正非如此强调教育问题的原因了。

在访谈中，任正非提到一个问题，就是华为每年会在芯片的研发上投入巨额资金，这时候他说："发展芯片，光砸钱不行，还要砸数学家、砸物理学家。"也就是说，要搞芯片研发，只有钱是没用的，关键还是要有人才。"华为能达到今天的成就，在于吸引了700名数学家、800多名物理学家、120多名化学家、六七千名基础研究的专家、六万多名各类工程师……所以，我们国家要想跟西方竞技，唯有踏踏实实地振兴教育。"

在任正非看来：如果不重视教育，我们就会重返贫穷。因为这个社会最终会走向人工智能，就拿华为来说，手机生产线上20秒钟就能生产出一部手机，基本不需要人工。而在未来，可能几百条生产线都完全是自动化的，如果没有受过教育，没有一技之长，恐怕连做工人的机会都没有。"从我们公司的缩影就要看到国家，放大来看国家，国家也要走向这一步，否则国家是没有竞争力的。"

作为一位在商界叱咤风云的人物，任正非对教育始终怀揣着一份特殊的情感，这或许与他在偏远地区做了一辈子教师的父母有关。任正非的父母在乡村当了几十年的一线教师，但这并没有为他们带来什么太多的优越感，相反，在三年困难时期和十年"文革"中，他们亲身经历了经济拮据、受人歧视的苦难，这也让他们一直叮嘱任正非兄妹："今生今世不准当老师。"在此后的日子里，任正非兄妹七人果然没有一个当老师的，但"老师是人类灵魂的工程师，没有老师，这个社会怎么办？"。

虽然没有成为老师，但随着华为的创立及对人才需求量的增加，任正非越来越意识到教育的重要性，因此他才多次强调"把教育搞好，国家才有未来”。要搞好教育，关键问题就是提高老师的待遇，让优秀的人都愿意去当老师，这样才能实现“用最优秀的人去培养更优秀的人”。

“教育是国家未来，如果我们的教育能像日本一样，像北欧一样，像德国一样……我们国家还担心什么？和美国竞争，今年稍微不行，明年就出来几个优秀人才，就领着又冲上‘上甘岭’了。”“中美贸易争端的根本问题仍然是科教问题，从华为遭遇美国禁令到近期不断升级的中美贸易摩擦，实际上都是科技实力的较量，根本问题仍然还是教育水平。”

“再苦不能苦教育，再穷不能穷老师。”在任正非看来，要想真正振兴教育，不是国家多盖几处房子就可以解决问题的，而是应让老师从根本上得到重视，获得尊重，这样国家才有希望。“中国是一个人口大国，如果变成人才大国，我们与别人的竞争才更加有信心，因此，教师应该得到更多的尊重。”这也是任正非最希望看到的结果。

站在时代的风口浪尖上，呼吁国家重视基础教育，这也是任正非作为一个本土企业家心底最关注的问题之一。高瞻远瞩的任正非早已看透，今天的贸易之争远非简单的商业竞争，只有教育强国才能形成未来强大的竞争内核！

第二章 戎装铁马，激情岁月

孟子曰：“天将降大任于斯人也，必先苦其心志，劳其筋骨，饿其体肤……”这也告诉我们一个道理：任何成功之人，都必定会在走往成功的路上遭受多次苦难，得到无数磨炼。今天在我们看来，任正非是一个传奇，没有任正非，就没有驰骋世界的华为。然而在传奇的背后，任正非也经历过饥寒交迫的少年时代和激情燃烧的青年岁月，这些人生的淬炼，成就了他自立自强、积极上进的品格，更让他在父母的平凡与伟大之间认识到了“无私”的内涵。所有这些，都成为他日后创业、守业所需的最坚硬的品质。

2.1 不凡的父辈

任正非的祖籍为浙江省浦江县，浦江县位于浙江中部，隶属浙江省金华市，那是一座历代名人辈出，素有“文化之邦”、“书画之乡”、“水晶之都”、“挂锁基地”和“中国绗缝家纺名城”等美誉，底蕴深厚的文化古城。

一个人性格的养成，与童年的经历息息相关。倘若说今天任正非拥有超凡的思想和开阔的视野，那肯定离不开优良的家风和特殊的成长环境。而说起任正非的家风，就要从任正非的爷爷任三和说起。

早在民国时期，任三和就因为擅长制造火腿而在浙江金华一带颇有名气。因为火腿生意不错，任家还盖起了一座十分气派的四合院，光是雕窗花就花了三年时间。

任三和虽然是个商人，但心气很高。1910年，儿子出生后，他给儿子起了个不俗的名字——任木生，字摩逊，大有任家“不逊于”任何人的派头。

任摩逊天资聪明，勤奋好学，成为家里唯一读书的孩子。1931年，任摩逊考上了北平民大经济系，成为村里唯一的大学生。然而当他正准备大展宏图的时候，日本侵华战争爆发，国内抗日救亡运动高涨。“国家有难，匹夫有责”，任摩逊和一群热血青年一起参加了共产党的外围组织，积极宣传抗日救国。

1934年，父亲任三和病重，虽然任摩逊还差一年就能读完大学，但也只好辍学回到老家，此后，先后在浙江定海水产职业学校和南京农业职高任教。

1937年，当第二次国共合作掀起抗日热潮时，任摩逊在一位老乡的介绍下，进入广州的412厂（兵工厂）会计处担任会计。这个兵工厂原本是属于国民党的，但因为任摩逊认同共产党的观点，在工作期间还多次组织读书会等活动，积极宣传抗日，结果引起了国民党特务的注意，为此他还多次遭到特务的跟踪追捕。

出于战争原因，412厂从广州经广西辗转迁到了贵州桐梓，任摩逊也跟随工厂到了贵州。1944年，任摩逊曾带着家眷回到故乡，但由于国民党特务一直尾随跟踪，还错把别人当成是任摩逊抓捕了，第二天，任摩逊不得不再次悄然离开家乡，自此一直在异乡生活，直到1996年才返回到阔别半个世纪的浦江探亲，不久便去世了。

在贵州生活期间，任摩逊做了一个对他一生具有重大意义的抉择：返回学校教书，此后他一直都没有离开过教学。也就是在这期间，他遇到了17岁的程远昭女士，两人相爱并结了婚。婚后两个人共生育了七个孩子，任正非是老大。

说起程远昭女士，我们有必要介绍一下这个平凡而伟大的母亲。程远昭出生在贵州山区，并在那里长大，从小性格开朗、朴实。对于那个年代的山区女孩来说，能读书已经是一件无比幸运的事了，而她能一直读到高中更是幸运中的幸运。后来结识任摩逊后，受丈夫影响，她也成了一名乡村教师。

1944年10月25日，如今已响彻世界的华为集团创始人、CEO任正非，出生在贵州安顺地区镇宁县的山区。在这里，这位未来的世界著名企业总裁度过了他艰难的童年和青少年时代。

任正非是任摩逊和程远昭的第一个孩子，虽然当时夫妻两人的生活并不富裕，但这个男孩的到来还是给两人带来了无限的欢乐。任摩逊是个受过高等教育的人，因此给儿子取了“任正非”这个名字。在他看来，这世界原本就充满了是是非非，究竟什么是正，什么是非，可能需要一个人花费一生的时间去探寻、去领悟。只有将世间的是是非非悟透了，他才能成为一个对社会、对国家有益的人。

此后，任摩逊与程远昭又先后生育了六个孩子。虽然他们给了孩子们聪明的头脑，但却没办法给孩子们温饱的生活。为了能让孩子们有饭吃、有衣穿、有书读，任摩逊和程远昭省吃俭用，四处借钱，可谓艰难至极。

在20世纪五六十年代，全国正处于经济困难时期，粮食严重紧缺，每家每户几乎都没有存粮。任摩逊和妻子程远昭虽然都是教师，但在那个年代，知识分子的待遇与现代社会是完全没有可比性的，不仅工资收入微薄，还常常受人鄙视，被人骂作“臭老九”。任正非兄妹七人，加上父母，一家九口人，全都指望父母那点微薄的工资度日，艰难程度可想而知。

在追求温饱的时代，吃饭穿衣永远都是被排在第一位的，但任正非在青少年时代，吃饭穿衣于他而言从来都是一件窘迫的事。孩子们晚上睡觉时，都要两三个人合盖一床被子，破旧的褥子下面铺的也都是稻草。孩子们的衣服也是一天天变短，哪怕是老大穿完老二穿，哥哥穿完妹妹穿，也仍然保证不了每个孩子都有件完好无损的衣服。

吃饭问题就更别说了！贵州地处高原，经济本来就欠发达，尤其是山区，被称为“地无三百里，人无三分银”。“大跃进”运动开始后，由于农村大办公共食堂，征粮较多，使得原本就紧缺的粮食更加紧张。1960年，贵州便出现了严重的饥荒现象，可省委却向上面汇报称：全省食堂都办得红红火火，其中好的和比较好的占总数的80%，由此贵州省还被评为“红旗省”。

正在读书的任正非不幸就赶上了这个时候。因为缺吃少穿，饥饿和死亡时刻威胁着人们，任正非和弟弟妹妹们每天都是饥肠辘辘，被饿得头晕眼花。

缺吃少穿问题已经足够困难，孩子们的上学开支就更难了。当时，每学期每个孩子都要交两三块钱的学费，一到要交学费时，父母就愁得睡不着觉。实在凑不够了，就只得开口向别人借钱来维持，可还常常借不到。尽管如此，任正非的父母都始终坚持“多困难也得让孩子有书读”的观念，想方设法筹措学费供孩子们上学。

母亲程远昭的身上有着典型的中国优秀女性的特质：坚强、慈爱、勤劳、不肯服输……她的这些特质也在潜移默化中影响着孩子们。父亲任摩逊有时外出参加会议，还能适当改善一下生活，可母亲不仅要承担自己的工作，还要负责照顾家里几个孩子的生活，每天要煮饭、洗衣、教育孩子……什么脏活累活都干，可她却从不舍得多吃一口饭，而是尽可能地把从自己嘴里省下的粮食分给孩子们。为了全家都能活命，不至于饿死，母亲还在家里实行严格的分餐制，每人每餐有固定的分量。有时母亲还带着孩子们一起去寻找食物：挖野菜、菜根，摘野果，回家后，母亲就把这些特殊的食物做成“美味”给孩子们吃……

现在看来，在那样恶劣的环境下，拥有这么多孩子的家庭，后代却没有一个夭折，不知身为家中顶梁柱的父母为此付出了多少艰辛和智慧。回首往昔，可以说任正非后来身上所具备的勤奋、坚定、忠诚、不自私，更不屈服的个性，与他的成长环境以及父母对他的影响和教育息息相关。没有伟大的父母，就难以造就伟大的孩子，这点在任正非身上体现得尤为明显。

2.2 艰难的求学之路

在异常艰苦的条件下，任正非读完了小学和初中。那时候，初中毕业就称得上是知识分子了，出来也能寻到一份不错的工作，而且任正非又是家里的老大，按理说早点儿出来工作也能帮助父母减轻负担。但是，父母却没有让任正非出来工作赚钱，而是继续送他去读了高中，后来还供他读了大学。

到了高中阶段，由于正处于长身体的时候，加上学习任务加重，每天又吃不饱，任正非常常被饿得无心读书。原本初中时还经常因成绩优异而被学校表彰，到了高二那年，任正非却因成绩不佳而补考了。

母亲程远昭心疼儿子，也意识到缺衣少食对孩子的影响，因此在任正非上高三后，母亲便经常在早上偷偷塞给任正非一个小小的玉米饼，希望正长身体的儿子能靠着这个小饼缓解一下饥饿，不至于太影响了学习。任正非也明白这个小小玉米饼的来之不易，他曾感慨地说：“如果不是这样，也许我也创办不了华为这样的公司，社会上可能会多一个养猪能手，或街边多一名能工巧匠而已。这小小的玉米饼，都是从父母、弟妹的嘴里抠出来的，我无以报答他们。”

为了度过饥荒，母亲还在山上开辟了一块荒地，种上一些南瓜。播种南瓜的时候，孩子们还意外地发现，在荒地旁边有许多美人蕉肥硕的根茎。他们把这些根茎拿回家洗干净，晚上，任正非就和弟弟妹妹们一起围着火炉，等着母亲煮出一大锅美人蕉的根用来充饥。虽然这东西没什么营养，但至少能暂时填饱肚子，让饥肠辘辘的孩子们有了饱腹感，心里也会产生无比的满足感。

日子虽然难过，却也飞快，转眼任正非就要高考了，可在家复习功课时，他也经常被饿得昏昏沉沉的。饿得实在受不了了，他就把家里的米糠和野菜拌在一起弄熟了吃，那种又涩又粗的所谓“食物”，即使在当时那么贫穷的年代也没几个人乐意去吃。其实，家里的粮食就装在柜子上的一个瓦罐里，但任正非从不动一下，因为他知道：自己多吃一口，弟弟妹妹们就要挨饿。后来任正非回忆说：“我青少年时期并无远大的理想，高中三年的理想就是能吃上一个白面馒头。”

一直到高中毕业，任正非都不曾穿过一件衬衣。地处西南的贵州山区，夏季炎热潮湿，天气热得常常令人感到窒息，但在这样炎热的天气里，任正非身上一直穿着一件厚厚的外衣。他很清楚家里的困难和父母的不易，从不会向父母提出额外的要求。

有一次，老师见任正非上学时每天都热得汗流浃背，就让他回去找母亲做一件衬衣穿，但对于任正非来说，这样的要求他根本说不出口。

这段难忘的岁月，让任正非初次尝到了人生的艰难，但同时，他也从父母亲身上汲取了强大的正能量：勤俭、朴素、坚强、不向命运低头……任正非曾感慨道：“我的不自私是从父母身上学到的。华为之所以这么成功，与我的不自私有一点关系。”

在父辈们的殷殷期望下，在与贫困的殊死搏斗中，1963年，19岁的任正非终于考上了重庆建筑工程学院，成了一名大学生。

临离家前，母亲给任正非做了两件衬衣。捧着这两件衬衣，七尺男儿忍不住泪流满面，因为他很清楚，这两件衬衣在自己这样一个两三个人合盖一条破被子的贫苦家庭中究竟意味着什么。

学校还规定，学生要自己准备被单，因此任正非还要从家里拿走一条被单。在那个什么都要凭票供应的年代，不要说没钱，就是有钱，没有相应的票据，也买不到自己想要的商品。最困难的一年，他们一家每人只发了半米布票，这半米布票根本不足以缝制一条被单。无奈之下，任正非的母亲便到学校里捡了几床别的毕业生丢弃的破被单，清洗干净后，再缝补一番，给任正非做了一条被单，这条被单整整陪伴任正非度过了五年大学生活。

在任正非的父母看来，任何困难都是可以克服的。父母的言传身教，也让任正非深深懂得了不畏困难、不向生活低头的道理。日后他成为华为的“掌舵人”之后，不管遇到怎样的挫折和厄运，他都始终牢牢地坚定自己内心的信念，从而使华为这条巨轮顶风冒雨，最终安然驶过各种激流和险滩。

2.3 特殊年代的特殊记忆

当任正非告别了满怀期望的父母亲，告别了荒凉穷困的小山村，告别了吃糠咽菜的苦日子，怀着对美好生活的无限向往迈入大学，正在如饥似渴地学习文化知识，准备一展宏图时，1966年，整整持续了十年的“文化大革命”运动（以下简称“文革”）爆发了。在这场浩劫中，许多人都不可避免地被卷入其中，任正非一家也没能幸免。

“文革”一开始，全国各地都以“三家村”为模式寻找靶子，而教育界人士首先就被当成了“靶子”，遭到了这次浩劫的打击。在横扫一切牛鬼蛇神的“文革”中，反对学术权威、走资派、有历史问题的人……都在劫难逃。很快，“文革”便蔓延至全国，各地都在大揪“走资派”，对各种“有历史问题的人”进行无情批斗，全国都笼罩在一片恐怖之中。

任正非的父亲任摩逊曾在国民党的412厂工作过，虽然他一直认同共产党的主张，后来也加入了共产党，但在“文革”期间，这段历史是注定会给任正非一家带来莫大苦难的。

很快，任摩逊就被当成“靶子”揪了出来，还被关进了牛棚，受尽折磨。那时任正非正在重庆上大学，不在父母身边，母亲程远昭给他的信中也绝口不提父亲的遭遇，因此任正非没有亲眼看到父亲被批斗的场景，也没有直接感受到家庭的不幸遭遇。而他的弟弟妹妹们都留在父母身边，也都亲眼见了父亲所遭受的屈辱和痛苦：父亲站在高台上，头上戴着高帽，脸上被涂满了泥巴，双手反绑，被人咒骂、踢打，起不了身……

1967年，重庆的批斗活动也变得激烈起来，任正非也逐渐了解到这场“运动”给人们带来的劫难。一天，他从一位贵州老乡那里听说了父亲的遭遇，心急如焚的任正非决定马上回去看望父亲，但因为买不到火车票，他只能偷偷扒上火车，准备“蹭”车回家。谁知在火车上被造反派发现了，造反派将任正非狠狠地揍了一顿，还把他推下了火车。

几番辗转，任正非终于在步行十几里路后于半夜赶回老家。父母在惊诧之余，也心疼不已，担心儿子受牵连，他们又催促他第二天赶紧返回重庆。临走前，父亲将自己仅有的一双旧翻毛皮鞋给儿子穿上，还对儿子千叮咛万嘱咐：“记住，知识就是力量，别人不学，你要学，不要随人流……‘学而优则仕’是几千年被证明了的真理。”“以后有能力了，要帮助弟弟妹妹们……”

背负着父母的重托，任正非再次返回重庆。然而到重庆后，任正非才意识到自己不该穿走父亲的那双旧皮鞋，因为父亲正在遭批斗，每天都要被押去做苦工，要在水里、泥里行走，他更需要一双保暖的鞋子！他深知这双鞋子的分量，这是当时家里最重要的资产了。

任正非在回忆这段经历时说："我当年穿走父亲的皮鞋，没有念及父亲那时是做苦工的，泥里、水里，冰冷潮湿，他更需要鞋子。现在回想起来，感觉自己太自私了！"

任正非后来才知道，这场"运动"给他们一家带来的灾难远比三年严重困难更严重。那时，为打垮"走资派"，与中央有关的运动小组专门下发文件，控制所谓"走资派"的生活费，而下面的各级造反派再层层加码，最终拿到手的生活费简直少得可怜，所以一家人挨饿受冻的现象自然也比三年困难时期更甚。

不仅如此，任正非的弟弟妹妹们也因为父亲的问题而被一次次取消入学资格，所以任正非的弟弟妹妹们学历都不高，但他们个个都很能干。为了帮家庭分担重任，他们就到河里挖沙子、修铁路、抬土方……

好在，任正非不仅走出了家门，还从父亲那里获得了前进的动力，这也让他原本有些浮躁的心最终找到了归宿，那就是用知识改变命运。据任正非回忆，回到重庆后，重庆已是一片"枪林弹雨"，但他硬是丝毫不为所动，而是把全部精力都用在学习上，在这期间自学了电子计算机、数学技术、自动控制等课程，还把樊映川的《高等数学习题集》从头至尾做了两遍。同时，他还学习哲学、逻辑学，又自学了三门外语。如今，任正非到欧美市场考察，与当地客户交谈时都不需要翻译，完全是用外语直接对话，这与他大学时代的努力是分不开的。

除了学习科学文化知识外，任正非还对《毛泽东选集》情有独钟，每当夜深人静时，他就打开书慢慢品读，从中汲取伟人的思想，为自己的人生积聚能量。除了对毛泽东的著作爱不释手外，他还特别喜欢德国军事家克劳塞维茨的《战争论》。这些书籍当中的知识、理论等，也让他日后在商场博弈中更有谋略、更有底气。

特殊的年代让任正非本已苦不堪言的家庭变得更加千疮百孔，但任正非从没将自己早年的坎坷归咎于时代的不幸和命运的不公。相反，他将其转化为另一种力量：“这次运动对于国家是一场灾难，但对我们是一次人生的洗礼，使我在政治上成熟起来了，不再是一个单纯的书呆子。”

黑格尔曾说：“人要经历一个不幸的抑郁症或自我崩溃阶段。在本质上，这是一个昏暗的收缩点。每一个文化创造者都要经历这个转折点，他要通过这一个关卡，才能到达安全的境地，从而相信自己，确信一个更内在、更高贵的生活。”

“十年浩劫”对于许多人来说都是灾难性的，这种灾难不仅在于物质上的困难，更在于对人们的意志、精神和价值观的摧毁，以至于此后很多年，一些人都深陷在痛苦之中不能解脱。但对于另外一些人来说，这场“运动”虽然也给他们造成了一定的痛苦，但也彻底唤醒了他们内在的生命意识。这部分人就包括任正非一家。

父亲任摩逊在“文革”期间虽然也遭受虐待、打击，但他的乐观、坚强，他对理想和事业的追求，他对党的忠诚……都深深地影响了年轻的任正非，让任正非看到了一个人的精神与信仰的作用。这种影响伴随着任正非的一生，以至于他在创立华为之后，也始终保持着这样一种乐观、通透的心态，并且不论遇到何种困难，都将国家和民族的利益放在首位，这种大胸怀、大视野、大格局，自然也注定了他的成功。

2.4 难忘的军旅生涯

在20世纪六七十年代，大学毕业生可谓是真正的天之骄子，国家都会给这些人才统一安排工作。不管被安排到哪里，这些人都备受欢迎。

1967年，任正非就是在这种社会大环境下毕业的，可以说很幸运。但不幸的是，此时“文革”刚刚开始，一切都比较混乱，大学生分配问题受到了影响。一直到1968年6月，国家才对任正非这届大学毕业生进行分配。此次分配坚持面向基层的方针，毕业生一般都是先去当普通农民或工人，但任正非则直接应征入伍，成了一名军人。

其实在当时中国社会主流价值由工人、农民和军人所主导的环境下，从军也是任正非最好的选择。那是一个崇尚军人的年代，就像著名军旅题材电视剧《激情燃烧的岁月》中石光荣所说的那样：“军人，是世界上最光荣的职业。”即使在今天，军人也仍然备受尊重。经历了“十年浩劫”之后，任正非亲眼所见了父母亲大半生因为没能通过思想检查而错失了许多发展机会，这让他悟出一个道理：“一个人再有本事，也必须得到所在社会的主流价值认同，才能有机会。”

由于受到父亲问题的牵连，任正非入伍并不顺利，险些就没当成兵，但最终命运之神还是向他伸出了援手。当时国家正在大力进行工程建设，部队中非常需要技术兵，而任正非在大学期间主修技术专业，这也让任正非第一次体会到了“知识改变命运”这句话的意义。因此，最终他还是有惊无险地参了军，成为一名基层工程兵。

军队的生活是非常艰苦的，却也磨炼了最具男儿本色的坚强气质。曾有人做过这样一个社会调查：在广东省深圳市这个全国最早的经济开发区中，企业大佬们大多是转业军人出身。而任正非，就是十几年后最出类拔萃的那一位。

任正非所在的部队是成立于1966年的基建工程兵部队，属于解放军体系当中新成长起来的一个兵种，在国家基本工程建设和国防施工布局方面都有较高的地位。特别是在周恩来总理眼中，这个崭新的兵种最大的优势便是“劳武结合，能工能战，以工为主”。因此，这个部队很快就参与了一项规模庞大的军事工程建设任务，这项工程的代号为“011”。

早在20世纪三四十年代的抗战时期，我国西南地区的战略意义便逐渐凸显。中华人民共和国成立后，国家更加意识到在这块风水宝地上兴建一座大型兵工厂，增强新时期的国防实力已是刻不容缓，因此才选出精兵强将到这里完成这项任务。而任正非所在部队要完成的，就是建立起一座具有规模的军用飞机和航空发动机制造工厂。

这项任务正对任正非的心思，不仅因为他大学时所学的就是机械技术专业，这项工作正好可以发挥他的强项，还因为工程地点设在贵州省安顺地区，离他的老家很近。这样一来，他就能有机会回家看望父母和弟弟妹妹们。

对于20多岁的年轻人来说，激情是永远都不会枯竭的，虽然这段国防施工的经历很艰苦，却也让任正非的内心充满了英雄主义的悲壮情怀。虽然那段经历不是真刀实枪的战争，但也是一场磨炼意志和心性的苦战。后来他在创立华为时，就经常会将创业的艰难与战争等同起来，称赞那些华为市场部的员工："没有他们含辛茹苦的艰难奋战，没有他们的'一把炒面一把雪'，没有他们在云南的大山里、在西北的荒漠里、在大兴安岭的风雪里的艰苦奋斗，没有他们远离家人在祖国各地和欧洲、非洲的艰苦奋斗，没有他们在灯红酒绿的大城市，面对花花世界而埋头苦心钻研，出淤泥而不染，就不会有今天的华为。吃水不忘挖井人，我们永远不要忘记他们。"

出身贫苦的任正非，在部队中表现出良好的人格素养和科技素养，他不但具有高度的自律性，还很喜欢进行各种发明创造，做出了很多技术发明和创新，其中有两项还填补了国家空白，获得了部队和战友们的一致认可。不过，出于父亲的"政治原因"，即使他所领导的战士每年都大批立功获奖，"而唯独我这个领导者，从未受过嘉奖"。当然，这也练就了任正非的心理素质，他后来说："我习惯了不得奖的平静生活，这也培养了我今天不争荣誉的心理素质。"

人生中所走的路，每一步都算数。"四人帮"被粉碎后，任正非的生活彻底迎来了转机。其时，中央军委提出要重视高科技的作用，而任正非的科技发明曾填补过国家的空白，又有多项技术发明创造，所以各种奖项、奖金一下子就让他成了获奖"暴发户"。

不久，父亲的冤案得以平反，更大的荣誉接踵而至。1978年，国家改革开放，分外重视人才，因此召集全社会的精英召开了全国科学技术大会，33岁的任正非作为部队的骨干人才，有幸出席了这次大会。在6000多名代表当中，35岁以下的只有150人，而任正非就是其中之一。

此后不久，任正非又光荣地加入了中国共产党，此后还作为党代表出席了党的第十二次全国代表大会，与中央领导合影留念。父亲把他与党中央领导的照片配上一个大大的相框，挂在家里，全家都引以为傲。

经历了三年困难时期，经历了“文革”的磨难，任正非的军旅生涯进入了“黄金时代”，一家人都感觉日子总算苦尽甘来了。然而好景不长，1981年，国家总设计师邓小平提出了时代的主题已不再是“战争和革命”，而是“和平与发展”。这一宣言开启了中国大规模裁军的先河，任正非也不得不面对裁军的命运。

早已习惯了部队生活的任正非，此时的茫然可想而知，好在任正非一直都是部队的技术骨干，部队也想把他留下，准备将他分配到一个军事科研基地工作。按照惯例，任正非事前被安排带全家到基地进行参观，然后再选择是去是留。

那时的任正非已经结婚，并与妻子孟军育有一儿一女，但由于工作关系，他一直与家人分居两地，而此次重新安置倒给了一家人团聚的机会。接到部队命令后，任正非便带着妻子和两个孩子到基地参观。儿子还小，不懂事，看到周围的山区只感觉好玩，稍大一些的女儿孟晚舟看到后，却说了一句：“爸爸，这个地方好荒凉啊！”

女儿的这句话让任正非心情变得十分复杂：从军多年，自己很少能陪伴在孩子身边，实在不想再亏欠家人。因此，虽然很舍不得生活了十几年的部队，最终任正非还是作出了放弃这次安置，离开部队转业的决定。

1982年，38岁的任正非从军队转业到深圳，跟随妻子来到了深圳最好的企业之一——南油集团工作。

第三章 转战商海，华为初创

“创业艰难百战多。”创业永远是一个筚路蓝缕的过程，时刻充满了风险，需要创业者具有披荆斩棘、高瞻远瞩的精神。华为的创立可谓充满坎坷，创立后更是举步维艰，而任正非硬是凭着一股军人特有的倔强和执着，艰难地带领着弱小的华为一步步走向强盛。他坚持以技术立足，独立自主，不向国际巨头低头，甚至为此“挥金如土”，以破釜沉舟的精神进行技术研发。正是凭着这股不屈的韧劲儿，华为才得以在风云万变的市场中站稳脚跟，并真正诠释了“中华有为”这四个字的价值和含义。

3.1 前华为时代

深圳曾是南方的一座边陲小镇，人口也仅有2万多。小镇的周边是一片荒郊野岭，丝毫看不出现在繁华大都市的模样。但是，它有一个最大的优势，就是与香港仅有一河之隔。要知道，当时的香港已是实现了经济腾飞的东方之珠了。

早在1979年4月，邓小平在中央工作会议上就对广东省的领导人说："还是办经济特区好，过去陕甘宁就是特区。不过中央没钱，你们自己去搞，杀出一条'血路'来。"就是这句话，使深圳这个边陲小镇被列为我国的第一个经济特区，成了全国乃至世界关注的焦点。

此后，深圳迅速崛起，来自全国各地的建设者们纷纷来到这里，将这里荒凉的平地变成了一座座现代化的花园城市，将曾经的破落渔村变成了一栋栋高楼大厦林立之地。与此同时，深圳的发展速度也引发了中国社会的一场观念变革："时间就是金钱，效率就是生命"成为我国改革开放大潮中最响亮的声音。

就是在这种社会环境下，从军队转业后的任正非跟随当时2万多名基建工程兵一起来到了深圳。对于刚刚起步的深圳来说，任正非这样的技术人才是很有用武之地的，因此来到深圳不久，任正非便加入了深圳南油集团。

南油集团是由招商局集团、深圳市投资控股有限公司合资经营的，主营业务是地产物流。为了能尽快适应新的工作岗位，任正非又拿出了上大学时“拼命三郎”的劲头，很快就掌握了工作中的各项技术。

然而，任正非渐渐发现，自己在军队里养成的那种处事作风与现实中的情况简直是格格不入。商场如战场，商品经济大潮中的唯利是图、尔虞我诈，一时间让任正非很不适应，更缺乏驾驭它的能力。原本在军队里是个佼佼者，迈入商场后却成了毛头小子，加上任正非性格耿直，喜欢有话直说，有时看不惯某些领导的做法就直接说出来，这就必然会在工作中栽跟头。

这样磕磕绊绊两年之后，任正非被安排到南油集团下属的一个电子公司工作，担任这家电子公司的副总经理。原本想在这里大干一场的任正非，却再次遭遇了人生的“寒冬”。

前往电子公司上任后不久，任正非就谈成了一笔200多万元的大生意，这让任正非十分高兴。但毕竟是第一次接触这么大的订单，任正非极其慎重，从生产到发货，他都亲自把关，并按合同规定如期将货物发给了对方。然而对方收到货物后，却迟迟不肯给付货款。一开始对方还找一些理由推托，后来干脆连电话都不接了，人也找不到了。任正非这才意识到，自己被骗了。

200万元，即使放在今天也不是一笔小数目，何况是在20世纪八九十年代。要知道，当时内地城市月工资平均还不到100元！

在这种情况下，任正非在南油集团是待不下去了。不久之后，任正非便离开了南油集团，不得不重新考虑就业问题。

然而，苦难远没有结束。出于种种原因，妻子向任正非提出了离婚，同时还带走了他的一对儿女。事业遭受巨大打击，家庭妻离子散，这成了任正非人生当中最低谷的阶段，没有之一。

父母听说任正非的遭遇后，赶紧来到深圳陪伴儿子，希望能给他打打气，陪他度过这个最艰难的时期。那段时间，任正非不仅没有收入，一家老小还等着他养活，生活自然十分艰苦。父母到来后，几个人只能一起挤在一间十几平方米的小屋中。每天傍晚，母亲就提着篮子到菜场买些便宜的死鱼、死虾，或者低价买一些不新鲜的蔬菜，拿回家做了吃。对于一个已经40多岁的中年人来说，这种生活是怎样的一种悲凉啊！

英雄要经过千锤百炼后，才能彰显出光辉的人生；敢于直面最惨痛的一切，才能甩开一切重新开始。对于任正非来说，他就是那个打不垮、不认输的英雄，这是一种从骨子里流露出来的坚忍和不屈。所以虽然屡遭打击，任正非却没有被吓倒，既然工作处处不顺，何不自己创业？

鲁迅先生说过：其实地上本没有路，走的人多了，也便成了路。在任正非的脚下，既然路都被封死了，那就只能自己闯出一条路来了。虽然此时的任正非经商经验不足，但与刚刚到深圳时相比，已然多了一份成熟和睿智。于是，经过一番深思熟虑后，任正非终于鼓起勇气，联合自己在商海中结识的5位好友，东拼西凑了2万元钱，草草地创办了一个名叫“华为”的公司。

后来，任正非对“华为”这个名字的解释是：“华为华为，中华有为。”而当时所有人都不会想到，当“华为”这两个字从任正非口中说出之后，一个真正属于任正非的时代已经悄然开启。

3.2 改变命运的机会

“愚公移山”的故事大家都听过，“愚公”之所以叫“愚公”，是因为很多人都觉得他挖山开路的做法很愚蠢，甚至认为他永远也达不到目的。然而这些人不知道的是，愚公每挖一锹土，巨大的山就减少一些。他所追求的，无非就是在有限的生命中实现自己无限的理想罢了。

对于任正非来说，他的理想是什么？让华为成为大企业，称雄世界？在当时的境况下，恐怕任正非可没想这么多。相反，在走投无路时创立华为，任正非可能只想依靠自己的技术强项谋求一条生路，赚钱养活家人，承担起家庭的责任。

这时候的任正非，已经处于人生的低谷，没有了退路。对此时的任正非来讲，那些所谓的人生理想、雄心壮志、家国豪情、英雄主义等，都变得微不足道，只有活下去才是最基本的需求。就像马斯洛理论中所提出的那样，在生理需要尚未得到满足的情况下，什么都不要去想，只想让自己如何才能活下去。

正是基于这种最基本的需求，任正非才创立了华为。多年后，当华为已经超越了最基本的生存需求，不再为生存问题而发愁时，任正非曾在一次员工报告大会上激动地说："华为活下来了！"话毕，已是泪流满面。此时只有他自己最清楚，"华为活下来"有多么不容易！

华为刚刚成立时，条件十分艰苦。因为没有资金，任正非只能在深圳南山区南油工业区中租了一间破旧的厂房，厂房的另一头就是用砖垒起来的墙，然后又用砖在中间隔出一个个单间，当成员工的宿舍。这些单间几乎都没窗户，一年四季都见不到阳光，阴暗潮湿，但当时谁也没有想到，就是在这间简陋得不能再简陋的厂房中，任正非和他的团队艰难起步，未来还在中国甚至世界通信制造业上写下了浓墨重彩的一笔。

华为的全名为"深圳华为技术有限公司"，名字中虽然有"技术"两个字，但一开始从事的业务却与技术没多大关系。公司既然注册了，就得维持下去；要维持，就得赚钱。那做什么最赚钱呢？

这时，任正非的一个朋友向他介绍了一种生意，就是卖墓碑。买一块墓碑的坯料不过百八十元，可在上面刻好字，装饰好，一转手就能卖三五百元。如果精雕细琢一点，价格还可以更高，能达到上千元。

这种生意的确很暴利，但对于任正非这样一个"技术"公司来说，肯定不是长久之计，因此任正非考虑一番后还是拒绝了。

后来又在朋友的介绍下，华为开始代销安保设施中的火灾警报器、气浮仪等厂矿所需的工业仪器，有时也做一些相关工程承包的咨询业务。可这类产品的订单量比较少，根本不足以维持公司的正常运转。

成功有时看似是一种偶然，但这种偶然中也伴随着某种必然。对于此时陷入危机的任正非来说，那个叫作"程控交换机"的产品就给他带来了改变命运的机会。

什么是程控交换机？其实就是电话交换机，也叫数字程控交换机。它是以计算机的程序来控制电话的接听。简单地说，就是必须先安装程控交换机，电话才能正常接通使用。

在中国的改革开放刚刚开始之时，程控交换机市场还被国外公司垄断着。面对中国这样一片处女地，世界各国的交换机生产商个个虎视眈眈，试图占领中国市场，因为进入中国市场就意味着可以赚到大把的钞票！

而此时，中国还没有自己的技术，要想用电话，就必须花高价从国外购入程控交换机。即便是花大价钱，拿不到货的现象也经常发生，一些企业的订单甚至要排到第二年。

后来针对这种境况，我国前信息产业部部长吴基传曾感慨地说："在20世纪80年代末90年代初，我国通信状态落后的现象有了明显改善，但是，随着改革开放和现代化建设的不断深入，社会对通信的需求呈现出了雪崩式的增长，通信供需矛盾十分突出。在当时，安装电话要批条子、找关系、走后门，即使交了几千块钱的申请初装费，往往也要等上很长时间，甚至一两年才能安装。所以各行各业、广大群众，还有外商，都怨声载道。同时，利用安装电话吃、拿、卡、要，通信质量差，服务水平低等，都成为社会反映的热点问题，这些还被国务院纠风办列为纠正行业不正之风的重点。"

在这样一个群魔乱舞的时代，谁拥有了有效的资源，谁能通过渠道拿到产品，谁就能在市场上站稳脚跟。此时的任正非，虽然仍称不上是一个成功的商人，但在商海浸染多年，还是积累了比较丰富的经验，加上他是做技术出身，对这类产品不算陌生。因此，他迅速地领会到了其中的商机，准备进入该领域大干一番。但刚开始时，任正非也面临着与所有商家同样的问题：缺乏技术。所以也只能通过代理国外的程控交换机来获利，以维持公司的正常运转。

一段时间后，任正非对这一业务熟悉起来，后经过多方打听，最终找到了一条新的代理渠道。这条渠道来源于香港的一家生产程控交换机的公司，通过代理该公司的程控交换机产品，任正非赚到了自己人生中的第一桶金，也让华为的业务逐渐步入了正轨。

3.3 一班人马，几条破枪

早在1876年，世界上就诞生了第一部电话，这部电话诞生于美国的贝尔实验室。而一部电话要正常工作，其核心设备就是交换机。交换机就相当于网络的大脑，只有通过它的接转，才能将接入网、传输设备、计费设备等中间层的辅助设备用电话线将终端用户的电话机连接起来，从而形成一个完整的电话网络。

1965年，美国研制成功了世界上第一部程控交换机，成为电话交换技术的一个重大突破。与传统的机电式交换机相比，这种交换机的优势非常明显：接续速度快、通话质量清晰，大大提高了工作效率。但它的体积却只有传统交换机的十几分之一，因此一上市便成为世界各国电信网中的主流设备。

在我国，电话普及速度一直很缓慢，直到20世纪80年代还没有完全普及。随着全国经济的飞速发展，人们对电话的需求越来越迫切，很多生意人赚到钱后，想买的第一件物品就是电话。但是，中国这时还不能自行生产程控交换机，而西方又不肯对中国出售技术，故而这项技术一直没能引入国内。

在利益的驱使下，很多商人瞄准了这一市场，他们通过各种渠道将港台地区的交换机通过海关弄到国内进行倒卖，从中获利；或者在交换机上贴上自己的标签后出售，同样赚得盆满钵满。

任正非刚开始也是这其中的一员，虽然对产品垄断、低价倾销等现象很不满，但华为总要生存下去。在这种情势下，任正非联系到了香港鸿年公司，该公司专门生产小型的HAX程控交换机。这种小型交换机主要用于国内矿山、公司以及医院等小型单位，而且很实用，任正非觉得代理到国内后应该很有市场。

但是，要购置一批HAX程控交换机就需要一大笔资金，此时的华为一穷二白，连生存都难，哪有那么多钱付给香港鸿年公司当货款啊！

正所谓英雄彼此“惺惺相惜”，尽管当时的任正非还是个穷小子，但14年的军旅生涯、多年的商场浸染，早已让他的心志和视野得到了极大的磨炼和扩展。在与任正非的几次接触后，香港鸿年公司的老板被任正非不俗的气质和诚恳的谈吐所吸引，最终冒着极大的风险破例为华为提供了授信额度。就这样，任正非在没有付现金作为货款的情况下，从香港鸿年公司拿到了一批HAX小型程控交换机。

HAX小型交换机的效果还是不错的，可以供二三十部电话对打，在当时国内电话尚不普及的背景下，这种交换机一进入国内市场就受到了学校、矿山和医院的欢迎。靠代销这种交换机，华为也渡过了经济困难的难关。据说，任正非的这批货物进价有2000多万元，而仅仅用了三个月的时间，他就卖出了4000多万元人民币。在如约偿还了香港公司的货款和利息之后，任正非也收获了自己创业道路上的第一桶金。

这件事也让任正非对香港鸿年公司的老板充满了感激，即使后来任正非带领华为成为世界级的大企业，他也没有忘记当初香港老板在华为最艰难时伸手拉自己一把的恩情。后来在香港经济不景气的时候，华为还多次帮助该公司渡过难关。

华为代理HAX交换机达两年多时间，由于该产品很对国内客户的胃口，所以销量一直居高不下。在这种情况下，代理的商家越来越多，产品也出现了供不应求的情况。即使华为已经收下国内客户的定金，香港方面的HAX交换机还是经常供不上货。

面对这种市场供不应求、产品价格逐渐下跌的不利局面，任正非为了不失信于国内的客户，一咬牙做出了一个大胆的决定：进口组件，自己组装小型交换机。

说干就干。任正非很快就利用华为这两年赚的钱从国外购入了一批组件，又招了十几个技术工人，开始在自己那间无比简陋的厂房中捣鼓起来。

事实上，任正非对当时自己能不能组装出小型交换机根本没什么信心，但他曾经的经历和多年军队生涯的磨炼，又让他对现实不肯低头认输。当时大家也都没想到，一个个电子零配件、一块块转港进口的电路板，经过十几个技术工人，用十几把螺丝刀、几块电烙铁的拼拼装装，最后竟然“拼装”出了一个世界级大企业的雏形。

“一班人马，手里只有几条破枪……”这就是任正非当初创业时的班底，虽然兵不强、马不壮，但一群年轻人依然雄心万丈。军人出身的任正非也很懂得如何去激励年轻人，由于工人们所在的厂房基本没窗户，里面阴暗潮湿，任正非就经常跟工人们说，将来华为发达了，你们在华为赚到钱了，就一定要买有阳台并且阳台很大的房子，专门用来晒在华为分到的钱。因为如果没有大阳台的话，钱多了装麻袋放在屋子里就会返潮变质，就白忙活啦！

这就是华为著名的“晒钱”故事。虽然任正非当时说出来的这些话可能没人当回事，但这种激励性的话语对豪情万丈、血气方刚的年轻人来说，却有着十足的功效。而任正非本人也许真的铆着这样一股劲儿，要为这样的理想奋斗一次。

三十多年来，华为培养了许多富翁，更培养了无数创业者，这不仅缘于任正非始终坚持“以奋斗者为本”，还在于他本人就是个名副其实的奋斗者。

3.4 背水一战

中国人都喜欢看武侠书、武侠电视，对其中的侠客尤其喜爱，因为这些侠客的身上流传着一种亮剑的精神。在与对手狭路相逢时，不论对手多么强大、多么不可战胜，哪怕是天下第一，这些侠客也敢于亮出自己的宝剑，即便惨败，也虽败犹荣。这是中华民族的真精神，难能可贵。

任正非的可贵之处就在于他具有这样的侠客精神，敢于亮剑，敢于挑战。在大家都在低价代销国外的产品时，任正非却非要独辟蹊径，花费更多的精力打造属于自己的产品。

在那时，华为的第一款打着自己品牌的产品叫BH01，其实就是一种从外面购入零部件，然后由技术工人自行组装而成的产品，然后华为再对其进行包装、做说明书，最后打出华为的品牌，在全国寻找代理商进行销售。

BH01只是一款24口的小型交换机，属于低端机型，市场很有限，只能在一些小型的医院、矿山等地使用。即便如此，华为也不能完全拥有自己的这第一个“孩子”，只能和其他公司的BH01同时在市场上销售。但任正非还是坚持打出华为自己的品牌，并将华为优质的服务注入产品功能、外观等都与其他企业一样的产品中。

西方经典军事理论著作《战争论》中有这样一句话：“要在茫茫的黑暗中发出生命的微光，带领着队伍走向胜利。”对于华为来说，BH01小型交换机就是华为迈向胜利的第一个台阶。

由于华为的服务质量更好，销售价格也略低于其他公司同类产品的价格，所以BH01虽然使用范围不广，上市后仍然供不应求。在这种情况下，华为想要维持下去，就要向零配件厂家大量订货，这出现了两个问题：一是大量订货必然需要大量的资金周转。二是一些零配件厂家也是自己生产和销售，这就可能会使华为的供货得不到保障，产品也不能及时供应给市场上的客户。有时连客户的钱都收了，结果却无货可发。

该怎样摆脱这种被动的局面呢?

此时，经过对BH01小型交换机的消化和吸收，华为的技术人员已经能够设计出具有华为知识产权的电路，并编写了只属于华为自己的软件产品。这成了任正非敢于放手一搏的资本，因此，经过一番深思熟虑后，任正非认为，要想实现自己控制生产、控制产品，就必须真正拥有属于自己的产品。否则，不能及时为客户供货，客户就要追上门来讨要退款，那么公司就将面临关门的危险。

于是，任正非一面让员工继续组装产品，一面让手下的技术人员开始进行交换机的自主知识产权电路设计和软件开发。为了给客户留下产品型号具有延续性的印象，他给这次研发的产品型号命名为BH03。

只是说起来容易，做起来却是难上加难。做生意需要敏锐的头脑、独到的眼光、快速的执行力，以及良好的人际关系、勇气、胆识等，而做实业，尤其是做研发型的高科技企业，这些能力是远远不够的。从产品的研发、质量的把控、原料的采购、成品的销售、后期的服务，到相关人员的管理、组织设计、流程运作等，都充满了挑战，管理者必须具备持续的认真态度、务实的能力及过人的胆识和毅力。敢于创业是勇气，而敢于冒着倾家荡产的危险也要搞研发，需要的则是一种壮士断腕的勇气。

任正非的可贵之处就在于，他恰恰具备这样的勇气，敢于挑战更强大的对手。既然决定进行自主研发，很快任正非就带领一群热血的年轻人开始用行动来迎接新的挑战。当时，他们的厂房里没有空调，只有几个吊扇，大家就在机器的高温下挥汗如雨、夜以继日地工作，设计制作电路板、焊接电路板、编写软件，几次调试、修改、再调试……累了，就抽支烟提提神；困了，就趴在桌子上眯一会儿，醒了接着干。夜里蚊子多，影响休息时，有的人就用套机柜的塑料袋把自己装进去，然后在脸上挖几个洞用来呼吸，这样就不用怕蚊子的骚扰了……

所有的这些困难都不是问题，都可以克服，而资金短缺才是真正的大问题。产品开发出来了，却没钱买测试设备测试，那怎么才能知道产品好不好呢？

无奈之下，任正非和伙伴们开始自己想办法，没钱买专业的设备，就用一些不花钱的土方法测试。技术人员找来万用表和示波器，对交换机进行测试；检查电路板上的焊接点时，技术人员就拿放大镜对上面成千上万的焊接点逐个看……有个工程师因此累得眼角膜脱落，不得不住院治疗。

大家白天对设备进行各种各样的测试，晚上还要坐在一起进行讨论。测试好后，在场的工作人员就一起把设备装箱打包，再一起把货搬到车上发走。

虽然没买检测设备给公司省了很大一笔钱，但华为的现金流仍然十分紧张，有时连刚刚到账的合同预付款都不得不马上投入到生产和开发中，更别说员工的工资了。当时华为员工的工资本来就不高，各种加班费和补贴更是完全没有，最困难的时候，任正非连续6个月没给员工发出工资。最后实在没办法了，任正非不得不咬牙以24%的年利率借高利贷，以保证研发继续进行，同时给员工发了工资。而包括任正非在内的股东们，不但没有拿到一分钱的收益，还要自己不断掏腰包来维持公司的运转。

在整个华为，任正非就是个灵魂人物，他不但要每天到现场检查产品的生产和开发情况，还要开会研讨面临的各种困难，解决各种各样的难题。同时，他还要想方设法把员工凝聚在一起，增强团队的凝聚力和战斗力，从而使大家有劲儿都往一处使。

联想创始人柳传志曾说："企业的一把手跟下级员工之间的关系，就是大发动机跟小发动机的关系，你所带动的不是齿轮，不是螺丝钉。员工也可以成为一个发动机，而且能跟你同步。如果能够做到这样，这个企业的活力就非常大。"

而此时的任正非，不仅自己开足了马力，誓要将自主研发做成功，也让他的员工开足了马力。正是靠着华为的每个人都最大限度地发挥了自己的潜能和创造力，稚嫩的华为才得以坚强地生存下来。

1991年12月，好消息传来：华为自行研发的BH03型交换机终于全部通过了基本的功能测试，并很快通过邮电部的验收，获得了正式的入网许可证。自此以后，任正非带领华为人在研发的道路上开始昂首阔步，披荆斩棘。

3.5 只做自己完全明白的事

1992年春，邓小平同志在视察南方时发表了重要谈话。同年10月，党的十四大明确提出，我们经济体制改革的目标是建立社会主义市场经济体制。同年11月，国务院又发表了《关于发展房地产业若干问题的通知》，首次勾画出了我国房地产市场体系的框架，并提出了一系列推动房地产业发展的政策措施。

在这种大形势下，从1992年下半年到1993年上半年，我国房地产市场迅速火爆起来，上万亿的房地产资金开始流向南方几个发展比较快的地区：海南800亿元，北海300亿元，惠州150亿元……但凡手里有点钱的人，都拿着钱跑到南方炒房，试图从中捞上一笔。“要想富，干房地产是条路”，这在当时的深圳已经成了一句尽人皆知的商业名言。当然，很多人也的确从中捞到了好处，甚至一夜之间就变成百万富翁。据1992年在海南“淘金”的潘石屹回忆说，他就是靠在海南炒房炒地赚到了自己人生的第一个100万。

与此同时，作为改革开放窗口的深圳也上演了另一种疯狂。1992年8月，深圳以发售认股抽签表的方式，发行了5亿元的新股。从8月8日开始，数以百万计的股民陆续冲进深圳，在深圳全市300多个发售网点排起长龙，满怀发财的梦想购买了百元一张的抽签表。到9日早晨开始发售时，瞬间风起云涌，价格越炒越高，一张认购证都被炒到了上千元……即便这样，还是有很多股民没买到抽签表。于是10日晚上，没买到抽签表的股民便聚集在深圳市内深南中路进行游行，游行队伍甚至形成了对市政府和人民银行围攻的局面。这就是中国证券史上著名的“8·10”股市风波。

面对这种房地产和股市“超级火爆”的局面，任正非在干什么？

著名投资家巴菲特说：“我只做我完全明白的事。”对于任正非来说，此时他并没有被股市和房地产的大热冲昏头脑，相反，他完全清楚自己要做的事就是自己最熟悉的事——研发小型交换机。

在BH03交换机研发成功并推向市场后，任正非暂时松了一口气，但他却没有像其他员工那么兴奋，一个现实的问题又摆在了他面前：BH03属于较低端的产品，功能很单一，相对于当时国外的产品，唯一优势就是价格便宜。但一个公司如果完全靠一个产品，总有一天是会把老本吃空的。

怎么办？

任正非想到的是，马上推出更新型拥有完全知识产品的第二款、第三款新产品，只有这样，公司才能向更高的层次发展。而且第一次的研发成功也让任正非认识到：搞自主研发并不是做不到的事，只要有人才、有技术，就一定能成功。

理想很丰满，现实却很骨感，华为当时并没有太多的技术力量，要继续搞研发，必须有更多的人才加入才行。于是，任正非找到了清华大学、华中理工大学（现华中科技大学）等高校，广泛邀请高校的教授带着老师和学生到华为参观、访问，其间他亲自带着技术人员给前来参观的教授和学生介绍华为的产品、理念、经营策略等，以期寻求技术合作的可能性。

当时的华为公司，虽然已经推出了新产品，在市场上暂时站稳了脚跟，但各方面与大公司相比仍然没什么优势可言：简陋的厂房、繁重的工作、员工宿舍与食堂也不配套。在一般人眼中，这样的公司哪有人才愿意来。

然而，总有慧眼识珠的人。一次，华中理工大学的一位教授带着他的一名研究生来到华为。这个研究生名叫郭平，刚刚毕业不久，留在学校里当老师。虽然华为的外部条件很一般，但郭平却一下就被任正非和华为人的工作激情和创新活力吸引住了，他觉得任正非绝对是一个目光长远的企业家。虽然现在的华为很不起眼，但有任正非这样的领导人，有一群充满活力和热情的员工，华为一定未来可期，他决心加入华为。

郭平的加入自然让任正非欣喜万分，他立刻将郭平留在深圳，担任华为第二款自主产品研发的项目经理，这款产品就是HJD48小型模拟空分式用户交换机。郭平也的确是个人才，上任后，他立刻带领技术人员开始了新产品的研发。经过一段时间的苦战，HJD48小型模拟空分式用户交换机的研发终于取得巨大进展。

郭平的到来，不仅给华为注入了新的技术血液，还为华为吸引来了更多的技术型人才。不久，郭平就把自己的同学郑宝用拉到了华为。

郑宝用也是当时的华中理工大学的高才生，在大学读完了本科和硕士，1989年考上了清华大学的博士。一开始，郑宝用对心气极高的郭平到这样一个名不见经传的小公司工作感到很不解，但经不住郭平多次“撺掇”，他还是来到了华为。结果，郑宝用的创业梦想一下就被任正非身上那种激情四射的进取精神和华为员工热火朝天的工作热情给点燃了。他当即决定，放弃清华大学博士学位，加入华为。

事实证明，郭平的推荐完全没错，郑宝用的确是一位技术天才。在郭平和郑宝用的共同努力下，华为终于研发出了第一款真正意义上属于自己的技术产品——HJD48小型模拟空分式用户交换机，一台机器可以带48个用户。不仅如此，HJD48在技术上还实现了新的突破，原来的两款产品BH01、BH03中，一块板只能带4个用户，而HJD48却可以实现一块板带8个用户，在产品集成上大大获得了提高。

性能相似的产品，容量却大大提升，HJD48交换机一投放到市场，立刻就获得了用户的认可。

HJD48项目完成后，郑宝用便被任正非任命为华为公司的副总经理兼第一位总工，专门负责华为产品的战略规划和新产品研发。此后，郑宝用又继续带领华为的科研人员，成功开发出了100门、200门、400门、500门等系列化的用户交换机，极大地填补了国内市场的空白。

1992年是华为的丰收年，这一年，在郑宝用带领下研发出来的系列产品为华为带来了年产值超过1亿元、总利税超过1000万元的销售业绩。可以说，郑宝用加盟华为，对于华为和任正非来讲，其意义不亚于三国时期吴国的孙权获得大将陆逊，其结果也不亚于周文王在渭水河畔遇到了姜子牙。

第四章 初战告捷，坎坷前进

拿破仑曾说：“不想当将军的士兵不是好士兵。”面对国外先进的通信技术和设备霸占着中国市场的现状，任正非很不甘心。只是“自古华山一条路”，年轻的华为要想沿着研发之路走上巅峰，实在太难了！然而，目光长远的任正非，同样有着坚定的意志和毅力，越是难啃的骨头，就越要啃下来。从军十几年，没有在战场当上将军的任正非，下决心一定要在商场上实现自己的梦想。事实也像任正非所说的那样，“烧不死的鸟就是金凤凰”。虽然这其中有失败、有辛酸、有泪水，但华为还是品尝到了第一颗胜利的果实。

4.1 华为市值破亿

在冯小刚的电影《天下无贼》中有这样一句台词：“21世纪什么最贵？人才！”这个连小偷都清楚的“真理”，作为一个企业家，任正非对此自然不会不知道。要搞技术研发，不但要有钱，更要有人。为此，在挖掘人才这条路上，任正非没少费心思，甚至是“不择手段”。

在一开始准备走技术研发这条路时，任正非就开始四处寻找人才，最初加入华为的就是当时在华中理工大学任教的郭平和清华大学的博士郑宝用。这两个人来到华为后，任正非如获至宝，而在郭平和郑宝用的主持下，华为也研发出了第一款真正属于自己的技术产品HJD48，并在投放市场后获得巨大的成功。如今，郭平和郑宝用都已成为华为集团的高层领导。

哪里有人才，任正非就往哪里跑。有一次，他听说邮电部要在西安举办一个程控交换机学习班，前去参加的都是全国从事程控交换机开发的企业派去的技术骨干，这可乐坏了任正非。要知道，这可是一个挖人的好机会啊！

于是，任正非也马上安排华为的技术人员去参加这个学习班，但去的人有两个任务：白天积极学习，晚上就到各个宿舍去帮华为招人。后来为华为立下汗马功劳的毛生江，就是在那时被华为从长春电信设备厂挖过来的；后来成为技术骨干、现为战略营销总裁的徐文伟，也是从这次活动中挖过来的。

当然，这种方法不能经常用，否则会得罪人，因此在华为逐渐步入正轨后，任正非便开始与各高校合作，从校园招聘大量的新生人才。这种方式同样为华为引进了许多技术骨干。

任正非对研发人员的重视和培养从来都是不容置疑的，但重视归重视，他也不忘让这些人才始终保持成长的步伐。在任正非看来，技术人员个个都必须成为“能工巧匠”，要能与时俱进，与华为共成长。为了鞭策和激励员工，他还专门写了一篇题为《能工巧匠是我们企业的宝贵财富》的文章。其中写到，技术人员首先必须成为一名能工巧匠，然后才能成为企业的财富，才能推动企业的发展。同时，他还要求这些能工巧匠组成一个坚不可摧的团体，“苦练基本功，强化量化管理”，在此基础上，再进行“对干部的教育和提拔”。

当然，要培养一名干部并不是一件容易的事，任正非曾说：“在干部的教育上不能急，我们不能期望一天就使我们的干部达到日本信华那样的严格标准，应该给他们一个逐步认识错误、改正错误的机会……对于干部的错误也不能只批评两句就算过去了，相反，一下子打入地狱也不可行，因为人的毛病不是一天就能改掉的，工资要降，职务要撤，但不能降太多。我们要不断加重处理的分量，每次处理都留下机会，把我们应该做的做完，听不听就是他的问题了。”

在此过程中，任正非更注重对干部灵魂的培养，只有灵魂深处真正认同华为的理念，并对企业有强烈的责任感和危机意识，才能成为真正的“能工巧匠”，从而带领出更多的“能工巧匠”。只有这样，企业才能度过成长过程中的所有危机，不断前行。

由此也可以看出，任正非对人才的培养和要求是非常高的，他可以给人才足够高的地位、丰厚的薪水，比业界所有公司都要高的回报，但与此相对应的是，员工也必须付出同等的努力，才对得起他的这份重视和信任。通过这种方式，华为聚集了大量的人才。

人才固然是进行技术研发的核心和关键因素，但光有人才也不行，研发还有一个必需的因素，就是钱。“开发可不是一件容易的事，你要做好投入几十个亿、几年不冒泡的准备。”这点任正非在第一次进行自主研发时就深深体会到了。

1992年前后，任正非招来了郭平和郑宝用两位技术天才搞研发，但研发需要的资金量实在太大了，产品的货款回收又不顺畅。资金一旦断链，不但研发要中止，连员工工资都发不了。当时公司的士气十分低落，不少员工甚至打起了退堂鼓。在这种情况下，任正非不得不借高利贷来给员工发工资。

为了筹集资金，那时的华为内部甚至有这样一个政策：谁能为公司筹集1000万资金，谁就可以一年不用来上班，工资照发。可见任正非那时缺钱到了什么程度！

就在华为几乎揭不开锅时，任正非生命中一个重要的贵人出现了，她就是孙亚芳。孙亚芳也是军人出身，当时正在北京的一家国家机关内从事电子通信工作。任正非是在一次到北京为华为办理证件时结识的孙亚芳，他身上那股奋斗的精神及属于军人作风的干劲深深地打动了同样为军人的孙亚芳。后来孙亚芳得知华为遇到资金困难时，毫不犹豫地拿出了自己的私房钱，连同借来的钱款一共200万投入华为，自己也辞掉了已是处级待遇的工作，加入了华为公司。

孙亚芳的到来，解决了任正非的燃眉之急，让华为的技术研发得以继续进行下去。在郭平、郑宝用等技术人员的共同努力下，HJD48系列产品相继研发成功。

对于当时的华为来说，孙亚芳的作用不仅仅是带来了资金，她还利用自己曾经的资源帮华为打开了全国的市场。凭借她出色的市场营销能力，华为的全国市场很快有了起色，HJD48空分用户交换机系列产品大量推向市场，让华为赚得盆满钵满。

可以说，1992年是华为的第一个丰收年，华为不仅在这一年收获了许多出色的人才，销售额也首次突破1亿元，总利税超过1000万元。

1999年，鉴于孙亚芳在对外协调方面的出色能力，任正非将华为公司董事长、法人代表一职转给孙亚芳，孙亚芳也在名义上成为华为的最高领导人，负责公司的一切对外事宜。

4.2 JK1000的意外之喜

早在20世纪90年代时，联想总裁柳传志就说过："在中国IT界，华为和联想是两家完全不同的企业。华为崇尚技术立足，就想一直爬在喜马拉雅山的北坡，陡峭险峻；联想是从平缓的南坡向上，缓和迂回，走的是贸工技的道路，最后也爬上了山顶。两家登顶的路径不同，但异曲同工。"

没错，任正非带领华为一直在走技术路线，虽然这条路"陡峭险峻"，但他就是"不撞南墙不回头"。在任正非的带领下，华为终于开发出了空分用户交换机HJD48系列产品，并利用已建立的销售网获得了不错的销售业绩。这也证明任正非带领华为走自主研发的道路是正确的、有效的。

1993年年初，华为召开了1992年年终总结大会，华为当时的270多名员工全部参加。任正非第一个在会上发言，当他站在由几张桌子拼在一起的简陋主席台前，面对台下一张张年轻的、朝气蓬勃的面孔，哽咽着说出的第一句话是："华为活下来了！"说完便泪流满面，双手不停地在脸上擦抹泪水。这句话，其中所付出的心血、所承受的压力，只有和任正非一起创业、一起打拼的员工才能深刻体会。

华为努力了六七年，终于在市场上站稳了脚跟，收获了不错的成果。这时，有人就提出，是不是把赚来的钱拿出来当奖金给大家分一分？毕竟大家都辛苦了好几年，享受一下也是应该的。

任正非很理解这部分人的想法，但作为一个团队的领袖，他的目光更高、更远。华为不能守着过去的成就睡大觉，想持续发展，迈上新的台阶，就必须随时准备迎接新的挑战。所以，他认为目前还不能分掉这些钱，同时他还做出了一个令华为公司所有人都惊掉下巴的决定：把这些钱用于开发局用交换机，进军公用电话电信领域。

任正非不是那种一拍脑门儿就做决策的人，此时他对交换机市场已经有了比较深入的了解。与组装和代销其他商家的产品相比，华为的小型交换机虽然有自己的知识产权，但小型交换机市场竞争异常激烈，市场份额有限，主要面对的也是各个单位、企业等机构，为电信的终端用户。而大型局用交换机的用户是各级的电信运营商，客户数量少，但产品销量大，一个地区的电信运营商就可以开通几十万、上百万的用户，而且交换机是按用户数量来计算设备价格的，所以局用交换机的销售额要远远高于用户交换机。以任正非的性格，他不会在已有的成绩面前裹足不前，他更想要放手一搏。

不了解交换机的人很难理解任正非做这个决定是多么大胆和冒险。打个比方吧，小型交换机就相当于大家都能骑的自行车，而大型局用交换机则是一部高档汽车，不是谁都能驾驭的。而且以当时华为的实力来说，要研发大型局用交换机，就相当于用生产自行车的经验和技术去开发和生产高档汽车，无异于痴人说梦！

所以，前景虽然很美好，但要真正进军局用交换机领域，就意味着华为必须在技术上实现一个更大的突破，甚至在市场关系上，华为也不得不面临“另起炉灶”的风险，实现战略布局的更新换代。更严重的问题是，当时局用交换机的生产商都是全世界最知名的通信巨头，如美国的AT&T、日本的NEC和富士通、瑞典的爱立信、法国的阿尔卡特等，这些企业在1993年时就在全世界拥有几十万的员工了，年销售额更是高达上百亿甚至数百亿美元。面对这样的竞争对手，华为拿什么赢？

因此毫不意外的，当任正非提出要开发局用交换机时，大家纷纷反对，这也让刚刚“活过来”的华为陷入一场新的生存危机。本来以为“我们活过来了”，结果却再一次迈入自讨苦吃的道路。不过，任正非的态度异常坚决，他说：“华为想要生存下去，就一定要进军局用大型交换机市场。”为此，他甚至放出狠话：“研发成功，我们都有发展；研发失败，我只有从楼上跳下去。”

看来，任正非是决定背水一战了！

世界首富李嘉诚先生说过一句至理名言：“任何一种行业，如果有一窝蜂的趋势，过度发展，就会造成摧残。”任正非也很清楚这个道理，所以他认为，华为要想生存下去，要做强、做久，就必须避开一窝蜂的趋势，另辟蹊径。

说干就干。1992年，任正非任命郑宝用为总负责人，徐文伟负责硬件，王文胜负责软件，开始对局用交换机进行研发。

华为第一个局用交换机的名字为JK1000。在郑宝用团队的努力下，到1993年年初，JK1000便宣告开发成功，并于同年5月获得了邮电部的入网证书。这也标志着华为打通了电信局互通商贸的市场通道。

为了打好一场漂亮的销售战，任正非在市场部经理会议上说："华为公司今后一年时间的重点是，向市场大规模推销JK1000局用机。"他还强调，销售工作要抽出精兵强将，对电信局等用户进行新产品的现场演示和讲解。

7月4日，江西乐安县邮电局公溪支局成了华为局用交换机JK1000的第一个客户。自此，JK1000交换机逐渐打开了市场，与多家邮电机构先后建立了合作关系，前景看起来似乎越来越光明。

但是这一次，时代的变迁超越了任正非的设想。根据任正非1992年时的预测，中国到2000年可将电话普及率提高到6%，通信业务仍会以打电话，即语音业务为主。不承想，我国通信事业的发展情况与任正非的预测严重不符，到2000年，我国电信产业的固话普及率已达到60%，而不是预测的6%。巨大的市场需求自然是一个原因，更重要的原因还在于技术的飞速发展。这就注定了1993年出现的JK1000在技术方面很快便被甩在了后面。

也就是说，当JK1000刚刚出现时，其实空分局用交换机已经走到末路阶段了。在随后很短的时间内，由于计算机技术的快速发展，数字局用交换机便出现了，其功用、性能、成本等都大大优于空分局用交换机。数字局用交换机取代空分局用交换机已成为科技发展的必然。

与此同时，任正非还面临一个问题：JK1000局用机虽然有一定的销量，但技术方面却不够成熟，最严重的就是电源的防雷问题。打雷的时候，有好几台机器在使用中直接着火了，差点把机房都烧掉！当时邮电局有个规定：电信网中断2小时，局长自动免职。发生如此严重的事故，害得好几个电信局长因此丢了“饭碗”。

“出师未捷身先死”。出于市场需求及技术等原因，JK1000最终在市场上刚冒个泡便销声匿迹了，华为在这个产品上的付出也几乎全部付之东流。这个因技术相对落后一步最终成为失败的产品，也给任正非上了沉重的一课，使任正非明白：要想抓住市场，必须先在实践中了解和学会把握市场规律，而不是简单地做市场关系或推出一个自以为先进的产品。知耻而后勇。此次经历让军人出身的任正非深刻地认识到了自己的不足，也使他在日后为华为做决策时更加理性、更加客观。

然而，就像著名思想家老子说的那样：“祸兮福之所倚，福兮祸之所伏。”华为倾力研发的这款JK1000交换机虽然没能为华为赢利，可华为却从这个失败的产品中收获到了意外之喜。

JK1000的市场大多在农村，即使市话也都是在县城一级，这些地方所用的线路相对较差，导致设备调试很难。而且这些地区配置的局用机机型五花八门，性能相当不稳定，很多大企业的维护部门根本不愿意去这些地方进行设备维护。为此，一向“以客户为中心”的华为专门组织了一支技术过硬、责任心强的装机队伍，直接面对用户，为用户提供先进、优质的售后服务。

在华为推出JK1000局用机之前，网上运行主要由国外厂家的设备进行，这些设备在软件升级、设备备件及维修维护上收费都非常高。而华为却大方地对客户表示：只要是华为的设备，不论多长时间，软件升级统统免费。华为还以省为单位成立了培训中心，不管你用不用华为的产品，都可以提供技术培训，并做到每个县市最少有一位技术维护人员。此外，华为还建立了一个备件中心，为用户提供充足的备件，只要遇到问题，就可以找工作人员调换备件。

从1993年年中到1994年年初，华为的这支精干的装机队不辞劳苦，走遍大江南北，不但开通了200多台JK1000局用机，还将华为人吃苦耐劳、认真负责的服务形象传递给了全国偏远地区的客户，赢得了这些客户的信赖和广泛的市场影响。而当时国外的设备厂商是无论如何也做不到这一点的。

所以，JK1000虽然是个失败的产品，但却帮华为赢得了无形的技术经验和市场口碑，为华为接下来进一步开发局用数字程控交换机打下了坚实的技术和市场基础。这一点，也成为华为日后最终战胜国外设备的一项“独门绝技”。

从JK1000局用交换机给华为带来的一系列变化可以看出，在企业的经营发展过程中，在短期内看不到成果的情况下，企业家要如何管理企业是一个难题，这需要有一个企业家的价值判断在里面发挥作用，关键就在于企业家的立场和观点。在后来的日本海啸发生过程中，大家都在往后跑，而华为电信的维护人员却逆着人流往前冲。大家知道，海啸发生后，最需要的就是通信设备，这就是一个企业所持有的客户立场。

“以客户为中心”，一直都是华为公司的基本出发点。从创立伊始到后来的华为产品遍布全球，任正非为华为提出的这一基本出发点从来不曾改变，同时这也是让华为走得更稳健、更长远的一个关键因素所在。

4.3 C&C08的艰难问世

HJD48空分用户交换机让华为尝到了自主研发的甜头，而JK1000局用机的惨败又给了华为当头一击。这一成一败，对于华为来说简直就是冰火两重天。

在1992年以前，大型局用与用户交换机市场都被国外的电信巨头和它们在国内的合资厂商所把持，国内厂商仅在一些小型模拟局用和用户交换机市场上占有部分份额。如此广阔的交换机市场空间，也吸引着众多厂家和科研机构，大家都想快速提升自己的技术水平，以期挺进大容量的数字程控交换机市场。华为如果不能马上推出数字程控交换机，可能很快就会被其他企业抢占了市场。

1992年也是房地产和股票大热的一年，有人建议任正非将钱投入房地产业，利润肯定很快翻番，但任正非拒绝了这一提议，而是破釜沉舟般地将全部的财力和人力都投入了数字程控交换机的研发中。

这正是他的过人之处。后来，任正非在回顾华为十年历史时说道：

"……在华为创业初期，除了智慧、热情、干劲，我们几乎一无所有。从创建到现在，华为只做了一件事，专注于通信核心网络技术的研究与开发，始终不为其他机会所诱惑。敢于将鸡蛋放入同一个篮子里，把活下去的希望全部集中到一个点上，华为从创业一开始就把它的使命锁定在通信核心网络技术的研究与开发上。我们把代理销售取得的点滴利润几乎全部集中到研究小型交换机上，利用压强原则，形成局部的突破，逐渐取得技术的领先和利润空间的扩大。技术的领先带来了机会窗的利润，我们再将积累的利润投入到升级换代产品的研究开发中，如此周而复始，不断地改进和创新……"

在任正非看来，虽然创新本身具有高风险，但不能就此停止，必须勇于冒险、勇于创新。

这一次，新的研发任务又落到总工程师郑宝用和项目经理毛生江身上，这是一款2000门的交换机。郑宝用是个性格豁达开朗的人，但接到这一任务后，他的神情也变得凝重起来。要知道，华为刚刚经历了JK1000的失败，员工暂时都没有从这种失败的阴影中走出来，大家都对新的研发项目缺乏信心，人心有些不稳。而为了充实研发队伍，尽快干出成果，华为又招聘了一些刚刚毕业的大学生。这些大学生虽然有劲头、有热情，却缺乏实战经验，郑宝用还得花时间对这些技术人员进行培训。

除了人心不稳、人才短缺外，深圳的户口问题也困扰着华为的科研人员。1993年时，华为还没有自己的员工宿舍，员工只能住在厂区附近的出租屋里。华为又是一家民营企业，解决不了深圳户口，大部分员工都是拿着暂住证在这里居住，每年还要抽时间回去办理暂住证。有时研发时间紧迫，暂住证来不及办理，一旦被发现，就可能会被请去派出所……

尽管各方面条件都很艰苦，但研发人员还是努力克服着一个又一个困难：硬件设计的工程师们经常不分昼夜地讨论各种技术难题，争论各种电子元件在电路板上的最合适位置；软件工程师们则编写着一个个软件，对程序不断进行联调、测试、编写和提交。

十多年后，当大家想起那段历史时，当年负责硬件研发的一位技术人员感慨地说："经过'左拼右凑'，搞出来的电路板总给人一种'不靠谱'的感觉，可谁能想到，这种'不靠谱'的产品，最后竟然成功了！"

当时任正非给研发人员下了死命令：华为的数字交换机样机系统必须在1993年春节前问世。为了赶进度，郑宝用常常一边催促科研人员尽快出原理图，一边让CAD硬件布线人员加紧布线。可原理图是要不断修改的，于是就出现了布线人员刚刚布完一半，规划处就又传来了要求改线的指示，把负责CAD工作的工程师气得直瞪眼。

这样的设计水平，这样的装备手法，研制出来的数字交换机能行吗？作为华为的研发工程师，他们的心中也充满了疑惑和惴惴不安。

大批的技术人员在为这款数字程控交换机忘我地忙碌着，可它就像个十月怀胎的孩子，明明知道它在不断长大，可就是迟迟开发不出来，你说让人着急不着急。

在该款数字交换机还没开发出来时，华为的销售人员就已经为它的开局找到了地方——浙江义乌。原本打算是在1993年5月或6月出去开局的，可产品迟迟出不来，任正非对此也心急火燎，仿佛一下子老了十几岁。

1993年10月，项目组人员实在被催得没办法了，在测试还没有完全完成的情况下，只能硬着头皮就将第一台2000门数字程控交换机——C&C08，搬到了浙江义乌进行开局。

俗话说："心急吃不了热豆腐。"技术研发本来就是一项复杂细致的工作，需要一步一个脚印地进行，大跨步是不行的。项目组不等产品成熟就直接推向了市场，肯定要吃些苦头。果然，尽管总工程师郑宝用亲自在现场指挥开局，带领技术人员进行安装、调试，C&C08还是状况百出：呼损大、断线、死机……更严重的是，总打不通电话不说，好不容易打通了，半路却突然诡异地断掉了！总之，凡是郑宝用料到的问题，这台C&C08局用交换机都出现过。

任正非为了鼓舞士气，不远千里从深圳赶到义乌，几次到机房与技术人员共同商量解决方法。当时正值冬天，机房里没有取暖设备，室温也一度降到零摄氏度以下，任正非和技术人员个个都冻得直哆嗦。烧热水的水壶也常常遭遇电源短路，大家很难喝上一口热水。可他们的干劲却高得像一团火，尤其看到任正非亲自坐镇，大家都感到莫大的信心和鼓舞。

此次开局足足花了两个月的时间，虽然这台机器此后还经常出现问题，不时需要技术人员去维护，但总算是能独当一面地工作了。一直到几年后，这批交换机被华为调换成新版本的交换机，系统才逐渐稳定下来。

华为的第一个里程碑式的产品——C&C08 2000门数字程控交换机，就这样有惊无险地诞生了。整个过程，让每一个亲身经历过那段艰苦岁月的人都无比难忘！后来那些参加过C&C08 2000门数字程控交换机的研发和开局的人员回忆说：“我们在华为参与研发过很多产品，哪怕离开华为后，也参加过许多自主产品的研发，但它们的刺激和惊险程度都无法与C&C08 2000门数字程控交换机的研发相提并论。”

C&C08 2000门数字程控交换机的成功开局，也让华为在1993年年底摆脱了经营的困境。同时，坚持自主研发让华为真正掌握了高端化的数字技术，这在华为的发展史上具有非凡的意义。

虽然C&C08 2000门数字程控交换机稳稳地占领了中国的市场，但任正非很清楚，作为华为的第一代数字产品，它与国外大企业的交换机比起来仍有许多不足之处，因此他又给研发部门下了命令：“交换机的优化工作要持续8年，在这期间，要不断接收客户信息，不断对C&C08数字程控交换机进行改进，使其后续版本质量更上一层楼。”

任正非一语中的。在接下来的优化工作中，华为的这一款数字程控交换机的优化过程果然在8年以后才宣告正式结束。

在这期间，任正非不惜花重金聘请了德国最优秀的设计师为C&C08设计了机架、机柜等，在解决了外观难看的问题后，又在C&C08中增加了支持远端用户的新功能。

经过长达8年的优化，C&C08交换机的后代才开始称霸天下，成为奠定华为“宗主”地位的一款世界级交换机。

4.4 研发万门机

1993年年初，在华为倾尽全力研发C&C08 2000门数字程控交换机时，任正非的心里已经有了新的打算，就是对万门机进行研发。

万门机与2000门的C&C08数字程控交换机不同，它不是一种独立使用的产品，需要附加在程控交换机中才能发挥出自身的作用。做技术出身的任正非自然清楚C&C08数控交换机的价值，但他同时更清楚，如果C&C08数控交换机能获得万门机的技术辅助，那简直是如虎添翼，在同类产品中极具竞争优势。

对华为来说，研发万门机堪称是华为发展途中极其重要的一步。尽管任正非在交换机的研发过程中消耗了十几年的时间，但万门机一旦研制成功，无疑会成为华为这场持久战中不可忽略的转折点。

这一次，任正非还是指定郑宝用挂帅，责成和敦促郑宝用尽快成立万门机的研发项目组。郑宝用拍着胸脯向任正非保证："我办事，您放心！"

不过当时连C&C08 2000门交换机还没研发成功，就又研发万门机，很多人都觉得没必要。华为的产品当时主要销往农村市场，而且是乡级以下的电信局，一个局的用户又比较少，大家认为2000门的交换机推上市场后就已经足够用了，开发万门机，卖给谁去？

此时，郑宝用又发挥了重要的号召作用，他给大家开了个动员会，会上信誓旦旦地保证："你们尽管铆足劲儿干，开发成功了，我保证帮你们卖掉10台！"

事实上，郑宝用太低估自己和这款产品的价值了。万门机研发成功后，卖掉的可不止10台，而是几十万台，甚至成为国内公用电话通信网络中的主流交换机。

临危受命后，郑宝用与李一男、刘平等人开始详细制订万门机的研发方案。李一男是一名刚刚被华为从华中理工大学挖过去的技术人才，非常有才华，在进入万门机方案组时研究生还没毕业。进入华为这一年，他只有22岁。

当时C&C08 2000门交换机的研发仍在紧张地进行着，但大家也没忽略万门机的开发工作。大家首先分析了竞争对手的技术方案，从2000门向万门机扩展，比较常规的方法是用内部的高速总线把多个2000门的交换模块连在一起。当时上海贝尔公司的S1240、富士通的交换机等，都是这样的结构。但经过一番讨论后，大家否定了这个方案。

后来，李一男想到了美国英特尔公司的Multibus Ⅱ总线，所以他提议可以用Multibus来实现万门机的研发。遗憾的是，当华为花了近20万美元订购了一批美国英特尔公司Multibus Ⅱ总线产品，大家经过一番会诊和研究后，却发现这一方案仍不可行。如此一来，20万美元等于打了水漂儿。

在1993年中期，华为正处于财务状况非常紧张的时期，许多急需的元器件都没钱买，而20万美元在当时相当于200万人民币，对华为来说不是一笔小数目。这件事也让李一男背上了沉重的心理负担，然而让他意外的是，任正非知道这件事后，不仅没有责怪李一男，还安慰他："华为不会以一时的成败来论英雄；华为的企业文化精髓不在于百战百胜，而在于在战局不利的状况下培养出抗拒风险的能力。"显然，也正是这种能力成就了今天的华为，使华为在国际市场中如鱼得水。

就在大家一筹莫展之时，郑宝用和李一男忽然产生了共同的想法。两人都毕业于华中理工大学光学物理专业，于是他们想：是否可以用光纤连接模板的方式，取代过去的总线技术？

此前，国外的万门交换机都是用电缆连接的，这种交换机的最大缺点是技术维护成本高，不适合远端市场，而光纤完全能弥补这个不足，自然也可以满足华为的主要用户——广大农村地区的需求。

这个大胆的想法产生后，两人便决定一试。

由于产品结构和技术的先进性，各个模块采用光纤技术连接的确是最佳的方案，但到底用什么方式来实现这么复杂的交换结构和多处理机控制结构呢？

经过研发中积累的经验，李一男发现，即使是如美国这样的科技大国，所掌握的光纤技术也不成熟，在交换机的配置当中，最合适的只有AT&T的5号交换机。于是，他选择了当时业界比较先进的另外一种光纤传输技术——准SDH技术。后来的事实证明，李一男的这一想法和做法在当时是一项创举，不但在华为、在中国，就是在当时的国际上，也属于一种最先进的实现方式。

万门机研发方案确定后，郑宝用马上成立了一支“特种部队”——李一男为项目经理，刘平为软件项目经理，余厚林为硬件项目经理。万门机项目的开发工作正式开始。

1994年6月，在全体研发人员的通力合作下，万门机开发进入到最后的联调阶段。当时，第15届世界杯足球赛正在美国开赛，华为的很多员工都是球迷。为激发员工的积极性，任正非想了一个办法：项目组每天加班到凌晨两三点，之后看一场世界杯转播，第二天可以睡到中午再来上班。这个方法让员工们非常高兴，既不耽误研发工作，又关注到了世界杯，可谓一举两得。

万门机的研发工作在有条不紊地进行着，虽然这期间困难重重，但好在大家都同心同力，努力克服。这一次，任正非一改之前“农村包围城市”策略，将万门机的推广战略据点选在了江苏省的一个二线城市——邳州市。其实邳州电信局当时正使用上海贝尔的S1240交换机，但由于用户需求过大，容量跟不上，就打算再购进一批S1240交换机。此时碰巧上海贝尔交换机缺货，电信局等不及了，加上华为的销售人员做了许多工作，邳州电信局最终同意采用华为的万门交换机试用一下。

为了能取代贝尔，成功“拿下”邳州电信局这个客户，任正非亲自坐镇指挥。然而当华为的万门机运到邳州电信局，与贝尔的S1240交换机一相比，立刻就“矬”了半截：机柜矮小，颜色单调，机架导轨松软，电路板插板不灵活……总之，与贝尔的S1240机一比，简直就像个山寨货！

机器开始调试后，也是状况百出，先是与徐州的上级局联系不上，打不通跨局电话，幸好余厚林及时发现是交换机的接地没接好，才解决了问题；接着因为电信局急于放号，在交换机还没进行详细测试就被割接上线，导致测试无法顺利进行，出现问题也不能及时跟踪和解决……

总之，这场“战役”打得工程师们个个疲惫不堪，从1994年8月到邳州开局，一直到10月中旬才结束。在最后验收时，任正非从深圳赶到邳州。晚上在跟大家聊天聊到性起时，任正非激昂万丈地说：“10年后，华为要和AT&T、阿尔卡特三足鼎立，华为要占三分之一的天下！”

当时大家都哄然大笑，估计心里想的是“老板真能吹”。要知道，那时的华为对中国电信设备的老大上海贝尔都要仰视，而AT&T作为世界级电信设备的老大，华为得把头仰多高，才能看到它的影子啊！

10年后的2014年，华为已成功跻身于世界固定电信网前五名，而曾经的世界电信设备老大——AT&T在1996年分拆出朗讯，10年后又在与华为的对战中战败，与阿尔卡特合并。历史见证了任正非当年不是吹牛，而是“有志者，事竟成”！

4.5 华为“集体大辞职”

20世纪90年代的前半期，任正非励精图治，带领华为在数字化的程控交换机和万门机研制上取得了不俗的成就，但就那个时代与华为本身的发展而言，华为所面临的竞争依然激烈且残酷。

1995年，随着华为自主开发的C&C08交换机占据国内市场，华为的年度销售额达到了15亿元。至此，华为也结束了以代理销售为主要赢利模式的创业期，进入到快速发展阶段。这时，一批创业时期跟随任正非管理华为的“老干部”，有许多已经无法再满足企业快速发展的需要，管理水平低下的问题成为制约华为发展的巨大“瓶颈”。正如任正非所说：“华为初期的发展，是靠企业家行为，抓住机会，奋力牵引；而进入发展阶段，就必须依靠规范的管理和懂得管理的人才。”

当时华为所面临的，其实也是整个中国社会的一个普通问题，即官只能越做越大，薪水只能越拿越多，降职或免职就意味着彻底的失败。因此，选择何种变革模式，尽量减少对员工心理造成的冲击，是华为解决这一问题的关键。

经过一番深思熟虑，任正非给出这一问题的解决方法——“集体大辞职”。1996年1月，以孙亚芳为首的华为市场部所有正职干部，在华为进行了一次“集体大辞职”。当时，从市场部总裁到各个区域的办公处主任，都需要向公司提交两份报告，一份为述职报告，一份为辞职报告，意思是说：每个华为人都要重新选择自己的岗位，重新应聘一个新的岗位。然后，这些人再采取竞聘的方式进行答辩，在经过公司考核之后，大部分人会重新进行岗位轮换，有的升了职，有的降了职，甚至还有大约30%的干部被替换下来，这其中就包括市场部的代理总裁毛生江等人。还有一些高管被“下放”到各个区域市场去进行锻炼，比如主管技术的郑宝用就被派去主管后勤，而同为主管研发的李一男则被派去下属公司任职。

当时，很多人认为华为这样做是在“炒作”，而事实上，这正是任正非在企业发展和人事大变动中所展示出来的第一次用人智慧。任正非一直强调“活下去是硬道理”“为了市场销售增长所做的一切都不是可耻的”等理念，而且公司的企业文化在很长时间内也是这样构建的。因此在此次“集体大辞职”中，华为市场部的确有大约30%的人都下岗了。虽然这也曾引起一部分华为人的不满，但任正非坚决执行这一策略，他想通过这一举措让华为人明白：“在市场一线捕杀的人，不允许有思想上、技术上的落后。必须让最明白的人、最有能力的人来承担最大的责任。”在任正非心中，这一做法有着十分必要的意义，他希望通过这种制度让每一位华为员工都能保持最初的斗志，永远充满干劲。

“集体大辞职”是华为的一个创举，虽然当时很多人感到不理解，但任正非认为，华为发展到一定规模，就必须建立起相应的人才培养机制，以此来解决组织发展中的人才“瓶颈”。而且通过此次“集体大辞职”，也让华为的权力更加集中化。在“集体大辞职”发生后的4年，任正非在一次内部讲话中阐述了当时华为这一创举的意义，他说：“市场部‘集体大辞职’，对构建华为今天和未来的影响是极其深刻和远大的。如果说我们顾全每一位功臣的历史，那么我们就会葬送公司的前途。如果想要公司有前途，那么我们每个人就必须能够舍弃小我。4年前的行为，隔了4年后我们再来做一次评价，事实已向我们证明那一次行为是惊天动地的，否则也就不可能有公司的今天。”

2000年下半年，任正非又在华为内部进行了一次更大的人事调整。他出台了一个《关于内部创业的管理规定》，《规定》中提出：凡是在华为工作满两年的员工，可以申请离职创业，成为华为的代理商。而公司除了给予相当于员工所持股票价值70%的设备之外，还会给予半年的保护扶持期。如果员工在半年内创业失败，可以回到公司，公司会重新安排工作。

这一政策出台后，华为数以千计的员工自发组织起来，开始了自己的创业历程，其中就包括李一男、聂国良两位公司董事常务副总裁。任正非这样做的目的，一方面也是继续将公司的一部分老员工分流出去，减少企业的管理层级，压缩中层管理编制。因此可以说，内部创业的举措其实是给一批在公司长期工作的中层管理者寻找了一个更好的出路。

任正非是个很念旧的人，即使公司真的要进行人才机制调整，他也不想直接进行裁员。而推行内部创业政策，公司可以拿出一部分钱用于支持老员工创业，既维护了老员工的基本利益，又改变了华为的老旧文化，清除了公司的“沉淀层”，为新人的发展创造了更大的空间，从而实现企业的“更新换代”。

不过，任正非的这一策略却没有完全按照他设想的那样进行，反而成了华为心中永远的痛。内部创业的初衷是希望公司内部一部分难以发展的老员工能自动退出，公司支持他们去创业，而事实上，这些老员工手里持有大量的股票，每年光分红就能拿到一笔钱，日子过得很安逸，谁还愿意拿钱去冒险创业？倒是一部分年轻的骨干员工，在公司的支持下，更愿意到外面去闯一闯，寻求更多的发展机会。

此外，任正非还有一个目的，就是推行他的“收紧核心，开放周边”的策略，即让这些进行内部创业的员工成为华为产品的分销渠道。但事实证明，这一策略成了任正非的“一厢情愿”。不管是老员工还是年轻的员工，既然选择自己创业，当然会将自身的发展放在第一位。即使一开始会与华为合作，那也不过是想以华为为跳板。一旦自身力量强大了，肯定会寻求更多的合作机会，甚至开发自己的产品，与华为的产品形成竞争。

这一现象的典型案例就是离开华为自己创业的李一男，他创办的港湾网络后来成了华为的一个强大竞争对手，以至于最后华为不得不花几十亿才彻底搞定。

尽管如此，任正非还是通过这两种方式重新构建了公司的组织架构，调动了员工的工作积极性，使人力资源的价值发挥到最大。这与任正非所提倡的另一种思想又息息相关，即“优秀的人在哪里都能做起来，干部必须能上能下”。

“市场大辞职”那年，也正是华为开始走出深圳坂田基地、迈向国际化的开端。为了让华为能够在国内竞争中占据一席之地，同时有能力与西方巨头进行对抗，任正非将自己坚硬、顽强、敢于开拓的性格融入到企业管理文化当中，从而培养出了一批永远饥饿的“土狼团队”。他甚至向华为员工说：华为人就要像狼一样，有着敏锐的直觉、强烈的竞争意识和良好的团队合作能力。因此，华为也被大家贴上了“狼性”的标签。

而事实上，也正是这群“土狼”，在此后的十多年中披荆斩棘，突破层层重围，不仅一点点地拉开了与国内主要竞争对手之间的差距，更令国际电信巨头再也不敢小觑中国这家名叫“华为”的公司。

4.6 华为基本法

俗话说，没有规矩，不成方圆。1995年，已经是华为成立的第七个年头了，华为也早已脱离了当初的那个山寨公司形象。然而七年之痒并不仅仅出现在夫妻关系中，在企业的生存过程中同样存在。

其实在1994年时，华为就已经有了巨大的变化。这一年，C&C08 2000门数控交换机成功面世。为了能快速占领市场，任正非采取了人海战术及“农村包围城市”的战略。这一战略使华为当年的销售额高达9亿元人民币。同年11月，华为自主研发的万门交换机在首届中国国际电信设备展览会上获得了巨大成功，华为的名气一下就提升上来了。同年年底，华为在北京筹建了研究所。

这是华为的一个质的飞跃，而与成就共同增长的，还有华为的员工人数。从最初成立时的五六个人，到1995年年底的七八百人，华为的人员规模在不断增大。在这些员工当中，增加的大部分是销售人员，这就使得人员管理成了企业发展的头等大事。尤其是该如何建立有效的营销人员奖励机制，才能在有效管理销售人员的情况下，将他们的能力发挥到最大化。

针对这种情况，华为的营销副总裁张建国首先设计了《销售人员奖励分配方案》，这也开创了华为对营销人员进行业绩考核和评价的先河。

到1995年时，华为基本已完成了对农村市场的占领，开始向城市市场挺进。作为华为的总舵主，任正非的发展战略很有效，华为很快就在城市市场站稳了脚跟，但随之激增的营销人员也令张建国之前设计制订的奖励方案完全跟不上华为的发展速度了。

为了解决企业发展与企业文化不相匹配的问题，任正非请来了包政、彭剑锋等5位中国人民大学的教授，来为华为讲授创业、二次创业与企业的战略转型、市场营销与人力资源管理等相关课程，目的就是解决企业在发展过程中所遇到的问题。

1995年9月，任正非还发起了一次名为“华为兴亡，我的责任”的企业文化大讨论。之所以组织这样的讨论，是因为任正非发现自己竟然总结不出华为的企业文化到底是什么！在这之前，任正非曾提出过华为企业文化的概念，他的总结是：用建立在国家文化基础上的企业文化，黏合全体员工，集体奋斗，为伟大祖国的繁荣昌盛，为中华民族的振兴，为自己和家人的幸福而不懈努力。

很明显，这份纲领带着浓厚的“任正非式军事色彩”，但除了表达出一番慷慨激昂的情绪之外，似乎并没有什么实际有效的东西。要知道，随着华为员工的增多，任正非最初的创业所想与一些员工之间的想法也逐渐变得大相径庭。对于多数员工来说，可能养家糊口、赚大钱才是最大的追求，最多能做到与华为“有福同享，有难同当”可能就很好了。这就使得公司高层与中层干部在企业追求和一些核心价值观上并不能达成统一的认识，在制定战略战术时也难以朝着同一个目标前进，上下级之间分歧越来越大。

任正非自然也意识到了这个问题：自己与中层领导间的距离越来越远，员工越来越不能领会他的意图，而他也不能及时了解员工的工作状态和想法。这对一个团队来说，是个很危险的信号。任正非自然不希望这种现状扩大化，改革势在必行。

经过一番认真的思考和与高层人员的探讨后，任正非觉得，华为急需一个纲领性的文件来指导公司的发展。他把这个纲领性的文件称为华为的“基本法”。

于是，任正非又联系到之前为华为员工授课的几位专家，希望他们能为华为提供咨询服务，同时探索能促进华为良性发展的“基本法”。

这不是一项简单的任务。此后，包政、彭剑锋、吴春波三位人大教授便正式组成专家组，进入华为，为华为提供咨询服务，了解和探讨华为营销人员的考核方案和各地办事处的管理模式。随后专家组人员也在不断增加，咨询服务也慢慢延伸到华为的各个层面：人力资源、生产作业管理、企业文化……

这场咨询服务一直持续了3年多，专家组人员每年几乎有三分之一的时间都待在华为，为这个所谓的“基本法”努力工作。经过多番系列分析，大家认为，任正非所需要的并不是一个简单的“基本法”，而是一个可以指导华为长期发展和成长的纲领性文件。

1996年3月，包政、彭剑锋、吴春波、孙建敏等几名教授，一起组成了华为管理大纲的起草专家组。成立的当日，起草小组便进驻华为，与任正非和华为人一起讨论这份管理大纲的具体内容。

第一版草稿是由包政执笔的。包政认为，根据华为当时的状况，《华为基本法》要解决的就是企业生产和发展三个基本命题，即：企业的前途问题、企业的管理效率问题、员工成就感问题。对此，专家组也进行了热烈的讨论，最终任正非确立了基本法要解决的问题，就是：提出企业处理内部矛盾关系的基本法则，确立明确的企业共同语言系统，通过核心价值观的确立来指导华为在发展过程中的经营政策和管理规则。

至此，《华为基本法》的核心思想算是确定下来了。随后，专家组又对华为的成长经历、管理方式等进行了了解和分析，最终为基本法制定了基本框架，其中包括公司宗旨、基本经营策略、组织政策、人事管理政策、工作道德和纪律等。

确定了基本框架，就等于确定了企业的价值观体系和管理政策体系，接下来《华为基本法》要解决的问题就是：华为为什么能获得成功？华为能否继续取得成功？华为要怎样去获得更大的成功？

通过专家组与任正非的多番沟通和讨论，直到1996年5月底，《华为基本法》才开始真正动笔。而仅仅是初稿，就花了一年多的时间才完成。初稿完成后，任正非马上动员华为员工参与讨论，因为在任正非看来，“基本法的起草一定要搞群众运动，要让员工真正投入”。

在整个基本法形成的过程中，任正非的心理也在逐渐发生着变化。1997年，任正非到美国先后访问了休斯、贝尔实验室、IBM、惠普等大公司，通过与这些公司的接触，他认识到自己制定的基本法仍然太过局限，企业要发展，还需要更开阔的视野才行。这无形中也影响了基本法内容的制定。

与此同时，1995年时，华为的员工只有800多人，而到1998年，华为的员工已近万人，一些制度还没等制定出来，就已经不适合了。这也让任正非意识到：未来华为的成长速度可能更快，基本法必须把这些因素都考虑进去。

由此，任正非的目光不仅仅再局限于华为内部，还想引进一些国外企业的先进经验和理念。于是，他花大价钱购买了ISC等供应链和产品开发的相应软件，并聘请国外的质量管理顾问、财务顾问等，对华为进行各方面的服务和指导。

到1998年3月，经过多方的讨论，华为公司二级部门经理以上干部每人都在基本法上写上自己最后的意见和建议，至此，《华为基本法》已经修改到了第十稿，算是正式诞生了。其间共历时三年，而华为也在这三年中从一个800人左右的普通企业发展成为一个员工近万人的庞大企业帝国。

《华为基本法》诞生后，便成为华为文化的代表，引领着华为一步步迈向更高的台阶和更广阔的空间。

第五章 锲而不舍，一统江湖

在新世纪到来之前，任正非带领着华为一路披荆斩棘，终于凭借自主研发的产品在国内通信领域占据了一席之地。但是，商场从来都是不平静的，对手也随时会出现。立志要带领华为走向世界的任正非，必然要面对无数的强劲对手和“江湖对决”。正所谓“狭路相逢勇者胜”，只不过商场上的“勇者”靠的是非凡的智慧、卓越的远见、勇于创新的胆识和百折不挠的魄力，而任正非正是凭借这些优势，带领华为在国内市场上一次次迎接挑战，多次击溃强劲对手，从而使年轻的华为实现了在国内一统江湖的最初梦想。

5.1 从AT&T到朗讯中国，未遇敌手

20世纪90年代，中国进入电信行业的高速发展时期，之前的中国电信被分解为相互竞争的移动、电信、网通、联通四个运营商，固定电话的资费也从最初5000元的装机费发展到零元装机费。在这种情势下，从90年代初到2005年短短十几年的时间，固定电话用户数量就猛增到上亿用户。不仅如此，1990年后，整体的通信设备也从原有的空分、纵模技术快速地向数字技术转换。

当国外发达国家和地区的电话普及率已超过90%时，中国的电话普及率尚不足0.5%，这样的中国市场无疑大大地吸引了世界各国的交换机厂商，他们纷纷挺进中国，一路“攻城略地”，从而形成了中国通信史上有名的“七国八制”，即：日本的NEC与富士通、德国的西门子、美国的朗讯、瑞典的爱立信、加拿大的北电、法国的阿尔卡特和比利时的BTM。七个国家，八种制式，几乎占满了中国的电信版图。当时国内有一则非常著名的广告：一幅完整的中国地图上被涂上各种颜色，每一种

颜色就代表一家国外电信巨头的势力范围。

这些来自不同国家的大企业，凭借自己的技术优势进入中国后，不仅彼此间的技术互不相容，而且安装及软件升级、售后维护的服务费用都很高。客户不得不忍受着通话不清、掉线频繁、维修困难还得多掏钱等各种问题，一度造成了中国通信市场的混乱。

在众多的国际电信巨头中，最强势的应数美国的朗讯科技公司。朗讯的历史比较悠久，它的前身是成立于1885年的美国电话电报公司，英文名简称为AT&T公司。

AT&T公司当时拥有的最珍贵的东西，就是一家名叫“贝尔”的实验室。可别小看这个贝尔实验室哦！就是这个不起眼的小实验室，先后有11位诺贝尔物理学、化学、生理学或医学奖项得主从这里走出来。此外，C++语言、晶体管、UNIX系统以及移动电话等世界上普遍通用的技术系统，很多也都是从这个小小的实验室走向全世界的。

经过100多年的努力，AT&T公司征战四方，创造了一个又一个商业奇迹，更以自身超高的销售效益和科技优势碾压同行，对同行进行疯狂的吞并和收购。到1983年时，AT&T公司的资产已达1600亿美元，雇员多达100万，把持着美国超过80%的电话市场份额，成为通信行业无与伦比的巨无霸。

AT&T公司在同行之中的垄断态势最终引起了政府的不安，最后由美国司法部和联邦政府出面干涉，AT&T公司才于1984年1月宣布解体。

然而，这种解体并不意味着AT&T公司就彻底从市场上消失，很快AT&T公司便卷土重来，又重组了7家地区公司，继续对其他企业进行恶意吞并和收购。不仅如此，AT&T公司还看重了中国市场这块肥肉，大摇大摆地挺进了中国通信市场。

此时的国内通信市场中，华为已经占据一席之地。任正非看不惯AT&T公司的嚣张做法，决心杀杀它的威风。可一个年龄不足10岁的小公司，拿什么去跟有着百余年历史的AT&T公司竞争呢？

任正非骨子里那种不认输的个性再一次得到体现，经过多方的缜密分析和悉心观察，他发现AT&T公司虽然在技术、资产方面十分强大，但也有个致命弱点：虽然不断兼并令自身的规模越来越大，但也让公司的体制变得越来越死板。由于部门繁多，业务逐渐显露出交叉重合的迹象，一旦面临大量棘手的问题，这些部门往往就会顾此失彼，难以应付。

于是，任正非决定用华为刚刚研发成功的程控交换机与AT&T公司的产品交锋，果然，AT&T很快就出现了疲态，内部诸多部门渐渐被华为拖垮。仅仅一年后的1995年9月，AT&T便再次宣布解体。这对于华为来说，意味着与AT&T公司的首战告捷。

1995年10月1日，AT&T公司正式更名为朗讯科技公司，再度进入中国市场，试图凭借更为强劲的实力绞杀华为。此时的朗讯科技公司，不但承袭了AT&T时代的科技遗产，还收购了两家可以生产计算机、蜂窝式电话的大型企业，实力较之前有过之而无不及。而且还有贝尔实验室作为后盾，故可将移动、光、数据、语言技术等纳入产品性能当中，辅之以强化了的软件技术和提高了的服务质量，试图引领网络科技的又一崭新时代。

与此同时，为更好地牵制华为等本土公司，朗讯还开始致力于网络技术的研发和拓展，越来越侧重于以各种网络来引领通信科技的时尚。这些网络技术包括无线网络、无线市话网络、数据网络、光网络等，同时还包括这些技术中固有的专业服务等。

为抢占中国市场，朗讯科技公司还在中国成立了朗讯科技（中国）有限公司，简称朗讯中国。随后，朗讯中国开始在中国各大城市积极拓展战略据点，成立了包括上海、北京、青岛等在内的8个地区办事处、2个贝尔实验室分部及4个研发中心。此外，朗讯还有很多合资企业和独资企业。

由于技术的先进和产品的成熟，朗讯在中国发展非常迅速。同时，朗讯还在中国积极参与公益活动，如支持希望工程、赞助贫困学生、支持科教事业等，以期用软性手段获得舆论支持。

朗讯的这些举措让同为通信公司的华为在国内的发展举步维艰。虽然这种局面对于中国的发展不算坏事，但希冀“中华有为”的任正非心里却很不是滋味：如果连希望工程、资助贫困学生的事都要盘踞在中国的外资企业来做，那么民族企业存在的价值又是什么呢？

对于华为来说，形势很不乐观，朗讯中国在技术领域与一些顶级世界公司保持着密切的合作关系，国内的多数客户也在使用他们的产品，华为想插进去并不是件容易的事。任正非经过冥思苦想后，突然灵光一闪：是否可以利用本土企业的“地利”优势，在市场和客户身上寻找更好的契机，实现对朗讯中国的逆袭呢？

2000年，中国银行总行建立全国性呼叫中心，承包商为IBM。IBM与朗讯、中国银行系统有着多年的合作关系。显然朗讯中标已是定局，IBM怎么会让华为掺和进来呢？

但任正非觉得，这正是一个非常重要的机会，拿下中国银行这个大客户，华为就在与朗讯的对决中赢得了重要的一局。为此，在经过周密的策划后，任正非决定：就通过走客户路线来对战朗讯。

一直以来，任正非都强调：华为生存下来是为了客户。华为之魂是客户，而不是一两个高层领导。企业的战略规划制订也应源于客户的需求，只有以客户需要为导向，以占领市场为导向，不断创新，企业才能获得更好的生存和发展机会。在面对艰难的市场环境时，企业永远不要在产品卖不出去的时候找借口，也不要在不能满足客户需求时试图改变客户的需求。企业要不断改善产品和服务给客户带来的效用。

因此，在面对朗讯这个强硬的敌手时，任正非的“走客户路线”战略很快就在华为内部展开了，营销骨干开始到各地进行公关活动，积极联络各地优质客户。这期间自然是经历了无数次艰辛曲折的谈判、无数次被拒后的从头再来，好在努力终有回报，大批客户被华为拉拢过来，成为华为战胜朗讯最坚强的后盾。

在任正非的这场“客户拉锯战”中，曾经“参战”的一名员工后来回忆说：“我们找到了中国银行总行的行长，做了一些工作，但这些工作都是可以拿到桌面上的。尽管难度很大，我们最终还是攻下了总行。搞定了最关键环节的客户，剩下的工作就顺利多了。”

果然，华为的这一战略将朗讯逼得节节后退，朗讯在中国的市场被华为大范围侵占。经过上百次的交锋，朗讯中国最终以失败告终。

2006年4月3日，阿尔卡特公司以111亿欧元（约合134亿美元）收购朗讯科技公司。这就意味着，脱胎于美国AT&T公司的朗讯科技公司，从此便从世界通信舞台上消失了。

这是华为的战果，更是任正非的战果。从有着上百年历史的美国老牌公司AT&T到朗讯中国，都已成为历史。笑傲明天的，还是华为。

不过，在任正非看来，这些胜利都是暂时的。华为人能够艰苦奋斗，必然会为企业带来相应的繁荣，但繁荣之后不再努力的话，繁荣也只能成为暂时的繁荣。因此，虽然华为此次战胜了美国老牌企业，但任正非表示：“繁荣的背后都充满了危机，这个危机不是繁荣本身必然的特性，而是处于繁荣包围中的人的意识。艰苦奋斗必然带来繁荣，繁荣后不再艰苦奋斗，必然丢失繁荣。‘千古兴亡多少事？悠悠。不尽长江滚滚流’，历史是一面镜子，它给我们多么深刻的启示。我们还必须长期坚持艰苦奋斗，否则就会走向消亡。”

5.2 与中兴的“恩怨情仇”

提到华为多年的奋战史，就不能绕过华为的一个老对手——中兴。

中兴通讯成立于1985年，比华为还要早。掌门人叫侯为贵，原来是航天系统陕西691厂的技术科科长。后南下深圳，以制作电子表、电子琴业务起家，并凭着自己的聪慧和努力创立了中兴，使中兴从一个投资仅300万的小厂起家，最终发展到年收入达数百亿的大型通信公司。

在1996年以前，华为和中兴的冲突并不明显，各自都在自己的领域内打拼。真正的较量始于1996年，此时两家都已发展到了一个新的阶段。这个时期，中国通信市场上到处都是洋品牌，中国人没有自己独立的核心技术，为了扭转这种被动局面，政府开始鼓励企业进行自主研发，希望民族产业能够快速崛起。到1996年，伴随着大唐、中兴、华为和巨龙四家企业的相继成立，中国通信行业开始异军突起，一举从国外厂商手中夺回了“半壁江山”。

然而，随着国内通信危机的解除，“巨大中华”四兄弟彼此之间也展开了激烈的竞争。到1998年，巨龙和大唐相继被挤出市场，在很多合同招标中就只剩下中兴和华为两家企业互相争夺市场了。为抢占更多的市场份额，双方的“战斗”也越发激烈起来。

同行是冤家，这是永远不变的真理。华为和中兴早期的竞争主要体现在产品层面上，刚开始中兴的产品实力较强一些，但1996年华为率先推出了万门机，从此开始了领跑阶段。当然，中兴也不甘示弱，到1998年，中兴又在接入网市场中领先华为，让华为一度望尘莫及。然而仅仅不到一年的时间，华为在接入技术上再次突飞猛进，又将中兴抛在了身后。1999年上半年，华为的新产品——HONET创造了2.2亿元的销售额，远远超过了中兴最被看好的ZXA10产品1.2亿元的销售额。谁胜谁负，可见一斑。

当然，华为在这些战役中获得的胜利也来之不易。在1998年华为落后于中兴时，为抢占市场，任正非甚至提出“为市场所做的一切都不是可耻的”，因此采取了一些不太合适的政策，其中有一条是华为做了一份交换机产品的比较书大量送给目标客户，但这份产品比较书是有利于华为而不利于中兴的。中兴得知后，非常气愤，也马上做了一份电源产品的比较书送给目标客户。如此一来，矛盾彻底激化了。

不久后，华为又一纸诉状将中兴告上了法庭，称中兴将“中兴电源”与“华为电源”进行了容易引起客户误解的对比，其中的许多重要数据、技术指标均不符合实际，因此侵犯了华为的合法权益，要求中兴进行巨额赔偿。

中兴自然也不甘示弱，立刻做出了针锋相对的反击。1998年7月27日、8月19日，中兴也反过来用同样的理由分别在河南和长沙两地起诉华为，称华为有意以对比的形式对双方不同型号的交换机及接入网产品进行容易引起客户误解的对比，贬低了中兴的商业信誉和产品声誉，所以也要求华为对中兴进行巨额赔偿。

对这几起官司，河南和长沙的法院相继做出了判决，华为和中兴各有胜负。表面来看，任正非似乎没从这场竞争中捞到什么便宜，实则不然。他虽然丢了一些订单，官司也没全胜，但却成功地让更多大众认识了华为这个品牌，并将大家的视线引导到中兴的对立面上。

之后不久，中兴又选择在CDMA上对华为进行攻击，但任正非分析后认为，短期内中国联通不会上CDMA项目，就算是几年后上这个项目了，也不会选择落后的CDMA95，而会直接选择更先进的CDMA2000。于是，任正非放弃了CDMA95的研发，改而专攻CDMA2000。但任正非没想到的是，中兴此时却坚持选择了CDMA95的项目。

2001年5月，中国联通第一期CDMA正式招标，招标项目为CDMA95项目加强版。在毫无竞争对手的情况下，中兴轻松中标，一举拿下10个省的份额。在2001年11月底，联通CDMA二期建设招标，这一次的幸运宠儿又是中兴，中兴再次斩获12个省总额高达15.7亿元的一类主设备采购合同。

对于任正非和华为来说，这是一次严重的失利，这次失利让任正非极其上火。但更让他上火的事还在后头呢，那就是小灵通业务。

当时，小灵通技术在日本发展火热，后来被UT斯达康引入国内，又在国内掀起了一阵销售高潮。但任正非经过分析后认为，小灵通技术太落伍，用不了几年就会被淘汰，华为没必要投入大量人力、物力做这种短期收益的生意，因此决定放弃立马能赚钱的小灵通业务，改而去研发任正非一直坚持的3G业务。

任正非的推测和决策都没错，小灵通的确没几年就淘汰了，但他忽略了一个问题：中兴接下了小灵通业务后，在几年内赚得盆满钵满，而华为在这几年却毫无建树。因此到2003年，华为与中兴之间的销售额差距有了明显的缩减，中兴的发展势头相当迅猛，两家企业可谓旗鼓相当。

当双方在科技水平、销售额度、管理机制等方面的实力相差无几时，就只能在价格上进行比拼了。

2003年，印度的CDMA450产品进入中国市场，华为和中兴都很看好这款设备，也均向印度方面表现出了强烈的合作愿望。为达成与印度方面的合作，华为和中兴开始打起了激烈的价格战，结果是双方都遭受了不同程度的损失。

两家企业对垒，第三方便有机可乘。印度通信设备在中国市场站稳脚跟后，就开始从华为与中兴的对战中寻找更多的介入机会。随着印度电信网络技术新一代的升级改造，华为和中兴都大批量地购入了印度的产品，当然，两个公司也将自己的产品纷纷销往印度。到2008年，华为和中兴在印度的销售总额已经高达10亿美元，抢占了印度市场三分之一的份额。

印度的一些通信公司本打算全面渗入中国市场的，没想到“引狼入室”，招来了华为和中兴两个大企业，抢占了原本属于自己的大片本土市场。为夺回本土市场，印度不得不拿起西方惯用的“反倾销”大棒，阻止华为和中兴的产品在印度市场上流通。

2009年12月，印度海关开始对中国的少数数字传输设备征收临时反倾销税。其中，华为的税率为50%，而中兴的税率则高达236%。虽然税率的增加对中国产品的销量是不利的，但就华为和中兴而言，华为显然又胜了一筹。

任正非真正的大手笔在于3G，这也是当初他放弃小灵通业务的主要原因。当3G时代来临后，任正非感觉自己的春天也到来了。

2008年7月，中国电信抛出了270亿元人民币的CDMA网络招标订单。面对中国电信接下C网后的首次大动作，华为和中兴都跃跃欲试，而曾错失C网发展机会的任正非，此次更希望能借此一战巩固自己的王者地位。为此，双方进行了一系列惊心动魄的行业大打拼，最终还是任正非赢了这次大战。

2009年，中国的3G牌照正式发放，在3G上憋了几年劲的任正非，仿佛一下子找到了发泄的出口。为与中兴竞争，任正非多年来可谓用尽方法。军人出身的他非常清楚，商场如战场，一旦进入，就要拼个鱼死网破。从某种意义上来说，也正是任正非的这种不断超越的心态，才让华为不断进取、不断强大。

直到今天，针锋相对了20多年的华为和中兴仍处于“战斗”状态，甚至双方的比拼已经蔓延到海外。在彼此之间的激烈竞争中，双方都各有得失，但也各自成就了一番霸业。尤其是任正非带领着他的华为王国在这个过程中历经艰险，最终还是逐渐走向了强大。

5.3 包抄上海贝尔，击溃“北电”

中国改革开放初期，内地通信状态十分落后，全国固话总数只有几百万部，只有全球平均水平的3%～4%。这种状况严重影响着经济的发展，同时也成为外商投资的“瓶颈”，为此，国家积极调整政策，通过“技贸结合，以市场换技术”的原则，引进全数字的程控交换系统技术及相关的大规模集成电路生产技术。

1984年，邮电部与比利时贝尔公司联合在上海成立了一家合资公司——上海贝尔，成为我国通信领域成立的第一家中外合资企业。公司刚成立时，正是“七国八制”垄断我国市场的时候，经营状况并不理想，开始一直处于亏损状态，直到1989年才转亏为盈。此后，凭借着国际先进的技术和设备，上海贝尔的产品销量剧增。到1993年，上海贝尔的年销量已经高达270万线，可企业的销售部门连司机加起来也不过29个人，无论如何也不能满足这样的市场需求。

这就是当时国内一些局用交换机用户想购买上海贝尔的交换机，订单却要排到第二年的原因。这种情况也给刚刚崛起的华为创造了机会，客户在“饥不择食”的情况下，只好选择华为的产品作为替代品。

当时，上海贝尔的主打数字交换机是S1240，而华为研发的C&C08万门机不论在外形、质量，还是稳定性上，都不及上海贝尔的产品。因此，当时国内电信界有这样一种说法：华为用“二流的产品卖出了一流的市场”。

任正非也很清楚自己的产品与上海贝尔相比有很多不足，为占领好不容易得来的市场，在不断改进产品的同时，他也想方设法在其他方面赶超上海贝尔，比如售后服务。华为设备一出现问题，华为的技术人员往往日夜兼程地赶往现场进行维护，哪里出现问题，立刻维修或更换。当时的许多电信运营商曾这样评价华为：“就算人家的产品有问题，人家成天给你守着，你还要怎样？”

优质的服务，良好的客户关系，竟然慢慢淡化了华为早期产品中各种各样的瑕疵，客户也逐渐接受了华为的产品。任正非提出的“客户就是上帝”这句话，在华为这里得到了最好的诠释。

此时的上海贝尔，是根本不将华为放在眼中的。他们认为，华为的产品和技术与自己完全不在一个档次上。的确，当时任正非采取的是“农村包围城市”的市场战略，而上海贝尔的主要市场是城市，华为与上海贝尔之间还没有直接的竞争关系。

想战胜对手，就要紧跟对手。为超越贝尔，华为在好几年时间内都在农村卧薪尝胆。而在江苏地区大力拓展基层战略据点的同时，任正非还将目光放到了西南、西北、东北等经济水平和科技水平相对落后的区域，试图运用大面积“包抄”战术，与上海贝尔分庭抗礼。

为扩大战果，任正非还在销售策略上大做文章，凭借丰厚的盈利，鼓励销售人员通过低价策略与对方交锋，以此形成一种“以战养战”的独有战术。在这种相对落后的市场中，华为的低价策略使得上海贝尔的优势消失殆尽。上海贝尔的产品虽然质量过硬，却不能以绝对的低价策略占领农村和经济较为贫困的广袤市场，这恰恰是它的劣势。

1999年，这一年对于华为来说是值得纪念的一年。华为发大力，以免费让客户使用独家接入网的策略在四川各地密切布局。虽然当时没能扩大销量，但却为产品日后的推广奠定了良好的客户基础。曾在四川占据市场90%份额的贝尔，起初根本瞧不上华为的这些做法，认为华为不过是隔靴搔痒。正因为贝尔的轻敌，才让华为抓住机会迅速抢占了新增的很多接入网，并快速将市场和网络上布下的点整合成为线、面。当贝尔发现时，华为已经大幅抢占了贝尔的市场份额。

第二年，任正非继续推行他的“农村包围城市”市场战略，迅速将全国市场的销售额提高到70亿元，首次超越了上海贝尔，在“电子百强”中名列第十位。1999年后，华为的销售额已经突破100亿元，上海贝尔想追也已经追不上了。

战略决定战果。类似于与上海贝尔的对战，华为在国内市场的诸多成功都得益于任正非提出的“农村包围城市”战略。以农村包围城市，最后夺取全国胜利的革命道路，是以毛泽东主席为代表的中国共产党人在领导中国革命实践中逐渐摸索和总结出来的一条具有中国特色的发展道路和总战略。华为创业初期，国内城市通信市场基本已被“七国八制”所垄断，加上部分国有企业的掣肘，作为民营企业的华为只能埋头于农村市场，勤恳耕耘。

当农村市场“拿下”后，任正非便开始集中大量的人力、物力和财力用于新产品的开发，希望从技术上赶超其他企业，从而实现“包围城市”的战略。而抢占上海贝尔的市场，正是这一战略获得又一次胜利的佐证。

此后，不论是农村还是城市的运营商，都纷纷抛弃上海贝尔，改与华为合作，这也意味着任正非“农村包围城市”的战略成功发力，上海贝尔的失败成为定局，再也没了与华为对战的实力与可能。

在对战上海贝尔的同时，任正非也没有停止与其他竞争对手的对战，尤其是一家来自加拿大的电信公司——北电网络公司。这家公司属于国际电信巨头中的厉害角色，曾以先进的通信技术一度垄断了中国的市场。无疑，北电网络公司成了渴望“中华有为”的任正非的“眼中钉”。

“北电”是北美洲的一家著名电信企业，在当时，它就是“光网络、GSM/UMTS、CDMA、WiMAX、IMS、企业通信平台”等领域中世界领先的一流供应商。与上海贝尔一样，“北电”从1995年在中国成立分部起，就凭借尖端的技术迅速占领了中国的市场，销售额逐年增加。与同时期的华为相比，其在技术和市场方面远远超过华为。但是，倔强、胆大又不肯服输的任正非，还是在1997年决定摸摸这只老虎的屁股。

军人出身的任正非，非常善于明察秋毫。经过仔细研究，任正非发现：“北电”的技术和研发水平虽然世界一流，但它的总部大多设在国外，所有设备也都是从国外进口的。这样一来，一旦设备出现问题，需要技术支持时，就必须从国外调配设备和专家前来营救，很难在短时间内到达“前线”。

抓住对手的弱点后，任正非决定“以己之长，攻敌之短”。华为虽然在技术上赶不上“北电”，但优质、快捷的服务却可以成为其赢得客户的法宝。于是，任正非马上召集相关人员在已控制的市场中建立针对客户服务的反应机制，以便能在第一时间与客户建立紧密的联系。一旦客户有关于产品的紧急问题，华为技术人员马上上门，为客户提供最及时、最全面、最专业的服务，使自己产品的竞争力由此登上了一个新台阶。

这一策略很快就收到了成效，与华为快速、高效的售后服务相比，“北电”的确显得很是力不从心。

不过，“北电”也没那么容易被击溃。2006年，“北电”新一任CEO迈克·扎菲尔洛夫斯基走马上任后，立刻对华为展开反攻。很快，“北电”就在中国的广州、北京、上海等地设立了研发和运营中心，以弥补随时可能出现的外调设备和专家不足的状况，试图挽回自己曾经的老大地位。

遗憾的是，华为早已今非昔比，华为的产品和服务也早已深入人心。“北电”虽然在管理体制上进行了大幅调整，但是想撼动华为在中国市场上的地位却已没有可能。正所谓市场瞬息万变，丧失了时机，想翻身就难啦！

2008年年底，“北电”宣布启动破产保护程序，紧接着便开始出售旗下的各项业务。半年后，“北电”将旗下的LIE和CDMA业务卖给了诺西公司。要知道，这两项业务曾一度被认为是美国市场中的拳头产品和最有价值的资产，“北电”忍痛将其抛售出去，也意味着“北电”基本退出了电信设备行业，成了华为的手下败将。

从战胜上海贝尔和北电两个案例中，我们也可以看出，正是任正非“农村包围城市”这一市场策略，为华为积累了必要的资本和人脉，使华为能够有实力与强大的竞争对手在“城市”市场中打持久战。对于那些以高利润为主要目标的国际巨头来说，这几乎是一种无解的竞争策略。正是凭借这种立体式的营销策略，华为才得以充分发挥本土化的优势，先在“农村”布局，随后再以低价策略进军“城市”，从而逐渐打破了国际巨头对城市电信市场的垄断。

这一战略后来也被任正非用于开拓国际市场。在进军国际市场时，华为同样没有直接选择进入欧美等国家的市场，与那些国际巨头去争夺肥肉，而是先去啃亚、非、拉等发展中国家的骨头，从发展中国家切入。待积累了足够的实力和市场份额后，再转向发达国家的市场，这种侧面迂回的进攻策略虽然持续时间比较漫长，但也让华为在此过程中不断完善自己，逐渐拉近了与国际巨头之间在管理、技术、产品上的距离，从而为华为逐鹿天下奠定了坚实的基础。

5.4 华为与港湾之争

港湾的创始人是曾在华为任职的李一男。1993年，尚未毕业的李一男进入华为实习，由于博学多才，在华为可谓是平步青云，25岁时便升任华为中央研究部总裁，同时兼任总工程师。当然，李一男也的确担得起这些职位，不论是在技术研发上，还是人力资源的优化方面，他都为华为做出了不可磨灭的贡献。

2000年12月，在多种原因及任正非鼓励员工内部创业策略的影响下，李一男从华为辞职，随后带着从华为分得的1000多万元股金及部分设备北上，第二年便在北京创办了港湾网络公司。

虽然离开了华为，但李一男创立的港湾公司与华为仍有着密切的联系。当年李一男还在华为任职时，就曾经指出："华为在数据通信领域是一个相对薄弱的点，同时也是一个潜在的机会。"可以说，作为华为技术研发的领头羊，李一男深知华为在数据通信技术方面的欠缺，为此，他便将港湾的主打业务暂时放在代理华为的路由器和数据通信产品上。此外，他还建立了一些华为数据通信产品的相关培训基地。

对于李一男的这些行为，任正非表现出了极大的理解和宽容，他说：“开始创业时，只要不伤害华为，我们都是支持和理解的。”

随着中国互联网业务的异军突起、中国网民数量的与日俱增，数据通信业务也迎来了更大的商机。在这种情势下，港湾凭着先进的技术研发水平和创新能力，很快就成为通信市场上的一匹黑马。

李一男的实力可见一斑，但要搞技术研发，他也面临着与任正非以前面临的同样问题——资金。研发是需要大量资金来维持的，虽然港湾发展很快，销售额也逐年增长，可雄心勃勃的李一男不愿一直笼罩在华为的光环之下，他更想快点摆脱华为分销商这个身份。为此，李一男将目光投向了国外，决定从国外引进风险投资，以尽快壮大港湾，与华为实现真正的分道扬镳。从2001年到2003年，港湾分别从美国、上海等多家投资机构获得总计1亿多美元的资金，用以发展港湾网络。

李一男的这一做法让任正非非常担心。一直以来，任正非都坚决反对让国外资金流入公司，他认为：“这些资金在美国的IT泡沫中惨败后转向中国，以挖空华为、窃取华为积累的无形财富来摆脱它们的困境。”所以他筹措资金的方法都是内部员工持股。李一男这种筹措资金的方法虽然快捷给力，但也面临着一个巨大的弊端，就是风险投资股东的压力也会增加，而且吸纳的投资越多，股东对港湾的经营和发展就越掣肘。这也为日后港湾的败落埋下了种子。

与此同时，李一男为快速推进公司的发展，还从华为高薪挖走了很多技术研发和市场销售骨干，其中包括前华为国内市场主管副总裁彭松、原华为技术数据通信部总经理路新等。这些人才离开华为加入港湾，自然也带去了华为的技术和客户资源等。

当然，李一男的这些努力也很快见到了成果，港湾很快便在市场上推出了一系列自己研发的路由器和交换机等产品。这表明，港湾已经从华为的代理商转变成华为的对手了。

2000年以后，港湾的销售额飞速猛增。到2003年，其销售额已增长到12亿元。这一年华为在国内的销售额为150亿元，而新起的港湾销售额已达到了华为的1/12，其实力可见一斑。

与飞速发展的港湾相反的是，此时的华为正陷入一场巨大的危机当中：国外正因为知识产权问题与美国思科公司打官司，国内正被老对手中兴围追堵截，同时还要面对港湾的威胁，这让任正非非常恼火。

2004年，在结束了与思科的官司后，任正非终于能腾出手来与李一男正式对决了。其实一直以来，任正非对李一男的一举一动都了如指掌，对其大量吸纳风险投资、挖华为墙脚、抢占华为市场的行为也攒足了一肚子火。同时他很清楚，以目前港湾的发展状况来说，日后肯定会上市，而一旦港湾顺利上市，从股市上筹集到大量资金后，华为再想对付它就没那么容易了。

任正非本来就是个雷厉风行的人，在下定对战港湾的决心后，他迅速在华为内部成立起应对小组，号称“打港办”。“打港办”的主要任务就是研究对付港湾的政策，与港湾参与竞标活动，凡是港湾的目标客户，“打港办”无论如何都要拿下。与此同时，任正非还下大力气对港湾进行“反挖人”运动，不惜任何代价挖走港湾的人才。

任正非此次做得非常决绝，为了让“打港办”的行动快速有效，据说当时拨给“打港办”的经费一年最多时高达4亿元。总之就是一个目标：对战港湾，只许成功，不许失败。

没有了客户，没有了市场，没有了技术人员，等待港湾的命运可想而知。果不其然，在华为的阻击下，港湾很快便开始一蹶不振。到2005年，港湾的国内市场已陷入停滞状态，销售收入大幅下降。更要命的是，这一年国内所有电信运营商都开始集体清退港湾DLSAM产品，而这个产品恰恰是港湾当时盈利最多的产品之一。

李一男走投无路，又不肯放下脸面向任正非服软，思来想去，只有上市一条路可走了。只要港湾上市，必能吸纳股金，这样港湾就还有起死回生的机会。可他不知道，任正非早已给“打港办”下了死命令——坚决阻止港湾上市。

根据《中华人民共和国证券法》其中一条的规定：一个公司想申报上市，必须在最近3年内无重大违法行为。

2005年9月2日，港湾公司法务部收到了一份来自华为公司的律师函。这份律师函虽然字数不多，但措辞严厉，其中要求港湾公司对其产品对华为知识产权的侵权行为给予解释。

李一男对于自己的产品是否使用了华为的技术心知肚明，因此对华为的知识产权问题根本解释不清，这封律师函也彻底断了港湾想要在美国纳斯达克上市的道路。

市场被阻，上市无望，挣扎在生死线上的李一男只能忍痛割爱，打算将港湾卖给德国西门子公司。但任正非不可能允许这样的事情发生，西门子本来就是华为在国内市场的强劲竞争对手，并且当时的诺基亚也正意欲收购西门子旗下的通信业务。不管是诺基亚还是西门子，收购港湾后，未来都将成为华为更强劲的对手。

为避免这种局面出现，任正非决定釜底抽薪。他瞄准了港湾最赚钱的语音IP业务，这也是当时西门子考虑收购港湾时最看重的业务，而任正非先下手为强，以1000万元的高价挖走了港湾深圳研究所的一个语音研发小组，再次加剧了港湾战略后方的危机。在多种因素的影响下，合并后的西门子和诺基亚达成共识，不再收购港湾。

没有了国外巨头的“庇护”，正面交锋又不敌华为，港湾败局已定。此时，任正非以胜利者的姿态向李一男抛出了橄榄枝——华为收购港湾。

2006年5月10日，任正非和李一男在杭州华为3Com总部见面，双方签订了华为收购港湾的协议。任正非拉着李一男的手说：“你们的回归对中国科技史来说是一个贡献，不应该说你们输了，我们赢了，应该是我们双方都赢了！”

6月6日，华为与港湾网络联合宣布，港湾网络向华为转让部分资产、业务及部分人员，而华为也为此支付了5000万美元的现金。这个结局意味着：华为与港湾多年的“恩怨”，以“握手言和”而告终了。

之后，任正非又在杭州会见了李一男等港湾管理层，诚恳地对他们说：“我受孙董事长委托而来，真诚地欢迎你们回来。如果我们都是真诚地对待此次握手，未来是能合作起来做大一点事情的。不要看眼前，也不要背负太多沉重的过去，要看未来、看发展。”

任正非同时强调，虽然港湾曾站在华为的对立面，成了华为的对手，但华为仍然会以包容的态度对待李一男这些人，“如果华为容不下你们，何以容天下？何以容得下其他小公司？”

2006年9月，李一男重新回到深圳坂田华为公司总部，出任华为副总裁兼首席电信科学家。12月末，华为公司发出内部公告，任命李一男为华为终端公司副总裁。

虽然后来出于种种原因，李一男再度离开华为，但不管这其中到底有过怎样的是非功过，不可否认的是，任正非始终以开放、包容的态度来面对市场上的各种竞争对手。在任正非看来，华为原本就是开放的，不开放就只有死路一条，所以多年来华为一直坚持做一个开放的团体，与每一位对手之间既进行着激烈的竞争，同时也不断进行着各种能量的交换。正因为这种开放策略，才有今天的华为；同时也只有开放，才能让华为拥有更加美好的未来。

5.5 华为的冬天

2001年3月，正当华为迅猛上升、风光无限的时候，一篇名为《华为的冬天》的文章被疯传开来，并在中国整个企业内引起轰动。这篇文章的作者，竟然就是华为的掌舵者——任正非。其中有这样一句话：“失败这一天是一定会到来的，大家要准备迎接，这是我从不动摇的想法，这是历史的规律。”

在华为快速发展之时，任正非发表这样的文章，还说华为的冬天一定会到来，未免显得有些危言耸听。但也正是任正非的这种“未雨绸缪、居安思危”的做事态度，才让华为度过了一次又一次致命危机。

有了许多前车之鉴，任正非对危机有着更为广泛的认识，为此，他才在华为发展正红火的时候，提醒大家一定要时刻保持清醒，不要对未来盲目乐观、盲目自信。“我们公司的太平时间太长了，在和平时期升的官太多了，这也许就是我们的灾难。泰坦尼克号也是在一片欢呼声中出的海。而且我相信，这一天一定会到来。面对这样的未来，我们怎样来处理，我们是不是思考过？”

为了让华为员工能深刻地理解自己的思想，任正非还让大家积极参与到有关华为危机的讨论之中，并在最后总结了10条可以协助华为度过危机的策略。

第一，均衡发展，抓短木板。“在管理改进中，一定要强调改进我们木板中最短的那一块”，要求“各部门、各科室、各流程主要领导都要抓薄弱环节”，从而使公司能够获得均衡的发展。

第二，扩张体系和收敛体系。任正非认为，在公司内对事负责制和对人负责制是有本质不同的。“执行流程的人是对事负责，这就是对事负责制；事事请示，这就是对人负责，它是收敛的。”公司想更好地发展，就要“简化不必要确认的东西，减少管理中的不必要、不重要的环节”。

第三，自我批判是思想、品德、技能创新的优良工具。在华为内部，任正非一直都在推行以自我批判为中心的组织活动，以便“各骨干能努力塑造自己，逐步走向职业化、走向国际化”。

第四，任职资格及虚拟利润法。任正非认为，华为应“坚定不移地继续推行任职资格管理制度”，“改变过去的评价模糊状态”，让“有贡献、有责任心的人尽快成长起来”。

第五，不能盲目创新。从创建华为起，任正非就十分注重产品的创新，但他不是盲目主张，“治大国如烹小鲜”，“做任何事都要小心谨慎，不随意把流程破坏了，发生连锁错误”。

第六，实现规范化管理。“规范化是一把筛子，在服务过程中也完成了监督。”

第七，要有承受变革的心理素质。“在改革的过程中，从利益分配的旧平衡逐步走向新的利益分配平衡。这种平衡的循环过程，是促使企业核心竞争力提升与效益增长的必需。但利益分配永远是不平衡的。”“没有这样的心态，我们的改革是不可能成功的。”

第八，模板化是所有员工实现快速管理进步的法宝。因为遵循模板可以让我们少走弯路，实现快速的成功。

第九，华为的危机、萎缩、破产一定会到来。这是历史的发展规律，任何一个企业都不可避免，所以任正非提醒大家，每个华为人都不应站在自己那片小天地去思考，而应有广阔的胸怀，这样才能正确地应对变革。

第十，安静地应对外界评论。“走自己的路，让别人去说吧。”尤其对待媒体时，任正非希望员工能保持低调的姿态，因为“我们不是上市公司”，“不需要向社会公示”，“我们主要对政府负责任，对企业的有效运行负责任”。

从以上十条策略可以看出，任正非对华为的未来有着清晰的规划，即使华为的冬天真的会到来，华为也早已做好心理准备，“谁有棉衣，谁就活下来了”。

任正非的预见并不是杞人忧天，事实上，从2000年起，华为就遭遇了多次打击。首先是2000年年底华为副总裁李一男的出走，后来任正非曾坦言，这件事给华为带来了很大的打击，“华为那时弥漫着一股歪风邪气，都高喊资本的早期是肮脏的口号，成群结队地在风险投机的推动下，合手偷走公司的技术机密和商业机密，还像很光荣一样，真是风起云涌，使华为摇摇欲坠”。

此时的华为，似乎露出了“冬天”的窘样。2001年，华为年收入为255亿元，年增长率放缓到14%，远低于2000年80%的增长率。2002年，华为的年收入出现了历史上的第一次负增长，也是唯一的一次。

不仅李一男出走事件深深地影响了华为，这一阶段华为在市场上的表现也比较黯淡。由于任正非的坚持，华为一直致力于3G业务的研发，放弃了2G市场，尤其是小灵通市场。尽管任正非当时的判断是正确的，小灵通的确没在市场上生存太久，但就当时小灵通在市场上存活的整整8年时间来说，会产生多少利润？华为放弃了，这个便宜就被老对手中兴捡到了，结果那几年中兴凭借小灵通业务赚得盆满钵满，而华为在自己坚持的3G研发方面却没有太大的惊喜。

当然，东方不亮西方亮，虽然在3G方面没太大进步，但是华为在其他方面的成就还是可圈可点的。2003年年底，华为推出了国内首款WCDMA/GSM双模手机；2004年2月，在法国戛纳展上推出了中国首款WCDMA手机，同年11月15日在香港发布了三款成熟商用的WCDMA终端，成为全球少数可提供3G端到端解决方案的供应商之一；2005年年初，华为又先后在戛纳展和德国CeBit展出了系列化3G终端，标志着华为的3G业务逐渐走向成熟。与此同时，华为的3G终端产品还覆盖了高中低端，可以为运营商提供更为灵活、快速的定制方案。

所有的一切似乎都为3G的发展做好了准备，可万事俱备，只欠国家3G牌照这个“东风”了。多年来，华为为3G的研发付出了大量的人力、财力。“这么多精兵养了好几年，却一直枕戈待旦。再这样下去，即使资金链不断，人心也散了！”一位华为高管曾担忧地说。

实在等不及了，华为只好走弯路，不再坐等国家颁发3G牌照，而是走“出口转内销”的路子，咬牙从海外开始组建3G网络。华为的努力没有白费，很快，华为新一代3G技术就在波兰、印度、葡萄牙、印度尼西亚等全球几十个国家商用网络中得到了规模性使用，产品的成熟度也获得了充分的验证。

在不断寻找“棉被”的过程中，任正非和他的华为艰难地度过了“冬天”。这也应了那句话：任何成功都是留给有准备的人的。2008年，中国3G市场终于启动了，虽然这个消息来得晚了一些，但总算让华为之前的所有努力都有了回报，华为坚持了10年的3G业务也终于在国内有了用武之地。2009年，华为无线国内市场基站的发货量超过了10万个。

任正非在写完《华为的冬天》之后不久，又写了一篇《北国之春》，这篇文章是想告诉大家：冬天虽然会很寒冷，但春天也一定会来临。只要大家做好“过冬”准备，即使冬天再寒冷，也一定能安然度过，迎来春天。在任正非看来，3G就是他为华为过冬准备的最好的“棉衣”。正因为有了“冬天会到来”的预见，高瞻远瞩的任正非在面临华为的冬天时才能从容应对，最终带领华为顺利“过冬”。

3G业务的启动，终于让任正非和他的华为迎来了春天，同时也让华为终于有资格与世界电信巨头们站在同一条跑道上。从此，任正非便可以带领他的华为与那些国际电信巨头进行正面交锋，一决高下了。

第六章 擐甲挥戈，征战四方

2001年12月11日，我国正式加入世界贸易组织（WTO），成为其第143位成员。从此，企业向国际化发展成为与时俱进的一种标志。对于华为来说，“只有拥有世界一流的客户，才能成为世界一流的企业”。这是任正非的梦想，所以任正非必然会带领他的华为向海外挺进。只是革命向来都是艰苦卓绝的，尽管任正非为华为找准了方向，但一路走来，华为还是走得步履维艰。好在功夫不负有心人，经过漫长的等待和积极的进取，华为还是敲开了通往海外市场的大门，任正非最终也将华为送上了与众多国际通信巨头平起平坐的位置。

6.1 齐心协力挺进香江

早在1994年，华为自主开发的数字程控交换机刚刚在市场上立足时，任正非就预感到未来中国市场竞争的惨烈和参与国际市场的意义。果不其然，1995年，中国通信市场竞争格局发生剧烈变化。一方面，国际市场萎缩，直接导致中国企业进入国际市场的难度加大；另一方面，导致国际通信设备巨头将刚起步的中国市场作为其抢夺的目标，这也给华为等国内企业带来了很大的竞争压力。

就在众多外资企业纷纷踏入中国时，当众多国际巨头在中国市场激战时，任正非却实行反突围，将目光望向了境外市场。在这一年，任正非发表了文章《目前的形势与我们的任务》，他在其中这样写道："中国人终于认识到，外国人到中国是来赚钱的，他们不肯把底交给中国，中国人得到的只是感染，促使了观念的转化。他们转让技术的手段，都是希望过几年您还要再引进，然后，引进、引进、再引进，最终不能自立。以市场换技术，市场丢光了，哪一样技术真正掌握了？从痛苦中认识到，没有自己的技术支撑体系，工业独立是一句空话。没有独立的民族工业，就没有民族的独立。”因此，任正非提出，“我们未来5年的主要任务是国际接轨。在产品研究系统上，在市场营销上，在生产工艺装备及管理上，在整个公司的企业文化及经营管理上，全面与国际接轨”。

在激烈的市场竞争下，华为走向国际化似乎也成了一种“逼上梁山”的抉择。面对这样的现实，任正非曾鼓舞华为的“战士”们说：“我们的队伍太年轻，而且又生长在我们顺利发展的新时期，抗风险意识与驾驭危机的能力都很弱……必须趁着短暂的领先尽快抢占一些市场……”“若三五年之内建立不起国际化的队伍，那么中国市场一旦饱和，我们将坐以待毙！”

任正非目光深远，且能深谋远虑，这也正是他能够在市场经济的大浪淘沙中永远立于潮头的重要原因之一。在任正非的带领下，华为毅然决然地组建了一支远征境外的“军队”，这支“军队”的第一个目标市场就是号称“东方明珠”的香港。

香港是世界电信公司最为集中的地方之一。当时，在香港通信市场中，由香港电讯一家独大，此外还有CSL、和记电讯、讯联通信等14家电信运营商。其中和记电讯的创始人为华人首富李嘉诚。1996年，和记电讯拿到了固定电话运营牌照，需要在3个月内实现移机不改号的业务。

和记公司拿下这一业务后，马上奔赴欧洲，寻找可以提供设备的供应商，可所有找到的运营商给和记的回答都是：最快也要6个月才能完成这个项目，且价格非常昂贵。

眼看时间一天天过去了，3个月期限一过，和记电讯不能如期完成合同，不仅要承担违约责任，公司在香港建立起来的声誉也必然受到影响。就在这时，有业内人士向和记电讯推荐了华为。

有这样的好机会，华为当然要抓住。而华为的报价、速度等，也完全符合和记电讯的要求。很快，华为就与和记电讯签订了合同。

然而，当华为的C&C08交换机运到香港，还没等进行调试时，各种棘手的问题便出现了。

首先就是华为的柜式交换机体积太大，根本无法安装到香港空间不大的机房中。得到这样的反馈后，任正非马上亲自做出指示：进军香港是华为进军境外市场的第一步，无论如何都要想办法克服困难。

于是，华为员工再次发挥了他们无往不利的战斗精神，只在很短的时间内就专门为香港机房设计出了一种壁挂式远端模块。

很快，在获得和记电讯的认可后，壁挂式C&C08交换机便设计完成，运往香港，在香港机房内安装完毕。满以为一切就这么顺利地解决了，可没想到刚一联网测试，问题又来了：C&C08交换机与和记电讯原来的交换机竟然不兼容！

怎么办？是放弃，还是继续？放弃，就等于之前所有的努力都前功尽弃；继续，就意味着更大的挑战在等着自己。当时在香港市场上有一条不成文的规则：不管是香港自己内部的运营商，还是外来的运营商，想进入香港市场，都必须经过香港电信管理局的批准，而在核查过程中就要获得和记电讯的点头。这就是说，如果华为的产品不能在和记顺利通过，那么华为就无法取得香港地区的电信业务经营权。

为了拿下香港这块市场，华为员工只能拼了！为解决交换机的问题，大家买来廉价的睡袋、各种速食，在机房里打地铺，吃饭睡觉全都在机房，几拨人夜以继日地对设备进行轮番测试。

功夫不负有心人。在华为员工的共同努力下，连接模块的话筒中终于传出了清晰的通话声，这也意味着：测试终于通过了！大家的脸上都露出了疲惫的笑容。

经过众人两个多月的艰苦奋战，华为C&C08壁挂式交换机经过测试后，通话清晰，运行稳定，顺利通过验收，拿到了香港电信业务的经营通行证。而和记电讯通过此次与华为的合作，也看到了华为公司员工的敬业精神和专业水平。而且他们还发现，华为的产品与国际一流产品相比，不仅具有很大的价格优势，还具备一些电信业务的新功能，这让和记电讯对华为的产品简直爱不释手。

随后，华为的产品开始在香港迅速铺开，并覆盖了香港的主要商业区、上千家写字楼和香港机场等，为香港的通信提供了非常有力的保障。

2008年12月，华为在香港建立起首批CDMA20001X/1XEV-DO Rev.A网络体系，此次主要服务目标是名满香港的电讯盈科。这也意味着，华为已经完全跻身于香港通信服务商的行列之中。依靠华为提供的网络技术，电讯盈科可面向世界开展CDMA网络漫游服务，中国内地、韩国、日本，乃至远居西半球的美国，都能够享受到这种网络漫游服务。

可以说，电讯盈科的这一成就主要得益于华为的助推，而华为也再次凭借这一次的胜利，稳稳地在香港扎下了根。

6.2 艰难奋战俄罗斯

华为征战境外的第二站是俄罗斯。经过3年多的准备，1996年，华为高级副总裁徐直军和几名高管被任正非派往俄罗斯，目标是打开俄罗斯的市场。

其实早在1994年，任正非就瞄准了俄罗斯这块“肥肉”。那时的俄罗斯刚刚经历过苏联解体，国力骤降，经济状况十分糟糕。为挽救这种局面，叶利钦政府采取了一种所谓的“休克疗法”，结果推行不当，不仅没能让俄罗斯经济复苏，反而使国内经济更加萧条，企业萎缩，物价飞涨。

任正非踌躇了3年，在这期间，他派出数十个代表团前往俄罗斯考察市场，然而这些代表团收集回来的信息却让任正非更加难以决断：俄罗斯经济困难，发展几乎停滞，该国的电信业务也已多年未进行升级改造……

众人都认为俄罗斯这块市场没什么“油水”，华为没必要在那里花费巨大的人力、财力，浪费时间。可任正非的看法恰恰相反，他认为，俄罗斯现在的市场越糟糕，华为就越是机会难得。俗话说，“瘦死的骆驼比马大”，虽然俄罗斯暂时遭遇了困境，但经济一定会逐渐复苏。一旦当地的电信市场回暖，华为就必须抓住机会，迅速崛起。

1996年，趁着华为自己研发的数字程控交换机在市场上一举成名的机会，任正非便将徐直军派往俄罗斯，希望徐直军能招来一些合作伙伴或客户，以推广华为的交换机。

然而当徐直军等人到达俄罗斯，经过两周多的考察后，结果却让人十分失望。俄罗斯的一家大型软件企业业务主管甚至直接对徐直军等人说：“俄罗斯根本不会使用任何新的交换机，所以也不可能与你们合作。”

1996年6月，第八届俄罗斯国际通信展开幕，任正非亲自赶赴俄罗斯，对华为的产品进行宣传。这一次的到来，也让任正非真正领略到了俄罗斯对“中国货”的抗拒。这不仅由于俄罗斯当时糟糕的经济环境，还由于俄罗斯根本瞧不起曾经落后的中国，对于“中国货”更是难以产生什么好感和信任。

出师未捷，任正非遭遇了“滑铁卢”。两年后，金融危机爆发，俄罗斯经济状况更加糟糕，整个电信业都濒临崩溃状态。但是，倔强执拗的任正非仍然对俄罗斯不死心，他始终认为：俄罗斯市场现在看起来一片萧条，恰恰表明这里蕴藏着一个巨大的市场。当时正值普京政府执政前期，由于俄罗斯卢布贬值及证券、金融行业中的各种问题，众多早先进入俄罗斯市场的跨国公司都纷纷撤出，或对该市场停止投入。在任正非看来，这不就是华为最好的机会吗？他坚信未来的俄罗斯市场一定会成为巨大的市场，因此坚持对俄罗斯市场进行投入。

1998年年初，负责华为湖南市场的李杰突然接到了任正非的命令，要他马上赶赴俄罗斯，负责开拓俄罗斯的市场。在出发前，任正非给李杰下了无情的“军令状”：“如果有一天俄罗斯市场复苏了，而华为被挡在门外，你就从这楼上跳下去。”

李杰自然也很清楚俄罗斯市场的现状，但面对老板给予的压力，他只能苦笑着回复了一个字：“好！”

到达经济和天气一样寒冷的俄罗斯后，李杰不敢耽误，立刻投入到了市场拓展的工作当中。当时，他的辛苦超过所有同行里的高管。当其他人都在痛饮伏特加、享受滑雪带来的冒险和刺激时，李杰和他的团队正奔赴在严寒之中，与一批又一批的客户见面、商谈。

当然，李杰的努力也获得了回报，一年后，他终于在俄罗斯谈下了第一笔生意。只是这份回报让李杰感受更多的却是凄凉和失望，因为这笔电源模板生意的合同金额只有38美元！

所谓“强将手下无弱兵”。李杰终究是任正非带出来的人，接受过非凡的训练，况且在国内市场上也是响当当的人物，自然不会轻易服输。为鼓励李杰，任正非除了不断给李杰加油打气外，还从深圳总部调动大量精英人才，用于配合李杰在俄罗斯的推广工作。

经过两年多的努力，虽然华为的产品在俄罗斯仍然举步维艰，但1998年之后，李杰反馈给任正非的报告中仅仅提到了四个字：“华为还在。”这说明，李杰仍在艰难而坚决地啃着俄罗斯这块坚硬的骨头。

早在1997年6月，鉴于俄罗斯政府的一些特殊电信产品政策，华为与俄罗斯贝托康采恩公司组建了一个合资企业，称为“贝托华为”。该企业的主要生产项目就是华为曾引以为傲的C&C08程控交换机，以及一些比较简单的通信设备等。当然，公司在开始阶段是没什么进展的，但也算是前期的一种铺就，这样每一步的铺就都可以成为日后华为获得更大发展的垫脚石。尤其在李杰进驻俄罗斯后，虽然华为的产品暂时卖不出去，但一旦俄罗斯经济复苏，华为因为前期的各种准备，公司也必然会迎来一个高发展期。

果然，金融危机过后，俄罗斯的经济渐渐有了复苏的势头。在这种情况下，李杰有了接触更多本地客户的机会。依托于手下人才云集，他在俄罗斯结识了更多的运营商领域的管理人士，并逐渐与他们建立起了信任和合作关系，这些人也形成了华为的核心客户群。

2000年，俄罗斯政坛发生巨变，叶利钦宣布辞职，以强硬和果敢著称的普京出任俄罗斯总统。普京政府一上台，立刻便在经济领域展开了大刀阔斧的改革，而贝托华为也借助这一机会，迈开了飞速发展的大步伐。

得益于俄罗斯政策的逐渐好转，华为的发展形势一片大好，不仅生产管理区域稳定，企业运营状况也近乎完美。俄罗斯通信市场上广泛使用的诸如交换机等开通运行设备，很多都出自贝托华为。

2001年4月，贝托华为获得了俄罗斯邮电部认证许可的俄罗斯国产厂商的殊荣。2002年，俄罗斯成为华为国际市场中最大的出口地区之一，在俄罗斯及周边国家，收入超过3亿美元。2003年，贝托华为的年销售额首次突破1亿美元，并在俄罗斯国家传输网络中承建了近4000公里的超长距离30G的传输网络。

不得不说，任正非的目光是长远的，正因为看到了俄罗斯萧条经济背后所隐藏的巨大能量和商机，才不遗余力要提前抢占这片市场，而事实也正如他所预料的那样。虽然这个过程十分艰难，李杰等优秀的华为员工也在此经历了“华为训练出来的狼变成了冬眠的北极熊”这样的悲观和失望，但华为终究还是在俄罗斯生根发芽，茁壮成长起来！

6.3 气势如虹，扫平亚、非、拉

当华为一点点走出国门后才渐渐发现，世界各地所有较好的市场都已被西方公司抢占一空，剩下的就只有那些偏远、贫穷、自然环境恶劣的地区了。但对于刚刚迈出国门的华为来说，这样的机会仍然十分珍贵。要知道，只要迈出去，不管在哪里开花结果，都称得上是收获。

从1996年迈出国门起，任正非便继续采取他的“农村包围城市”的战略，一步步带领华为向更广阔的空间发展。只不过这次的“城市”和“农村”并不是真正意义上的城市和农村，而是指以美国为首的第一世界和欧洲、日本、新西兰等发达国家为代表的第二世界，以及广大亚、非、拉的发展中国家，也就是从亚、非、拉这些“农村”入手，再慢慢向更发达的“城市”——第一世界和第二世界推进。

对于一些世界级的大企业来说，欧美、日本等发达国家或地区才值得进入，一些发展中国家，或一些偏远、动乱的地区，它们根本瞧不上眼。而华为反其道而行之，先从进入门槛低的亚、非、拉各国开始，捡拾那些国际大公司根本看不上的“果实”。

不过，即使这样的“农村”市场也没有想象中那么好进。当时负责非洲市场的邓涛后来回忆说：“刚到非洲，面对25个国家、4.5亿人口、地盘几乎为中国两倍的一个陌生市场，没人知道华为这样一家公司，甚至对中国都不太了解，一切都要从零开始。”

许多人甚至都不相信中国还能有自己的技术，诧异地问：“这真是中国人自己生产的产品吗？”他们怀疑这都是发达国家的技术，中国不过是代加工而已。而且还由于文化背景、宗教信仰、生活习惯方面的不同，华为人在这些国家和地区遭遇了重重的困难和无数的白眼。

但既然认定目标，就要风雨兼程。为了解决各国对中国、对华为的认知问题，任正非坚决地表示：“走出去造势国际大舞台，只要是国际通信展览，华为都必须参加。”据华为内部资料显示，华为每年在国际参展上投入的资金高达10亿元人民币。而且每到一个地方，华为就将规模盛大的通信展办在当地，全方位地展示华为的产品和品牌形象。渐渐地，华为还将参展技巧提升到参加国际行业论坛，甚至华为干脆自己召开各种国际运营商研讨会，通过对华为客户成功案例的剖析来增进彼此间的深入了解。

任正非在《天道酬勤》一文中，回忆起当初华为开拓海外市场时的艰难历程时写道：“还记得，经历20世纪90年代初期艰难的日子，在资金、技术各方面都匮乏的条件下，咬牙把鸡蛋放在一个篮子里，紧紧依靠集体奋斗，群策群力，日夜攻关，利用压强原则，重点突破，我们终于拿出了自己研制的第一台通信设备——数字程控交换机。1994年，我们第一次参加北京国际通信展，在华为的展台上，‘从来就没有救世主，也不靠神仙皇帝，要创造新的生活，全靠我们自己’。这句话非常与众不同，但对华为员工来讲，这正是当时的真实写照……是我们始终如一对待客户的虔诚和忘我精神，终于感动了‘上帝’，感动了我们的客户！无论是国内还是海外，客户让我们有了今天的一些市场，我们永远不要忘本，永远要以宗教般的虔诚对待我们的客户，这正是我们奋斗文化中的重要组成部分。”

任正非从来都是不认输的，他带领的华为人更是从来都不畏艰险。自1997年起，华为开始进入非洲，为非洲带去了质优价廉的产品，销售给非洲一些最贫困的国家，如津巴布韦、博茨瓦纳等。

此后，华为的触角又陆续延伸到毛里求斯、尼日利亚、肯尼亚、阿尔巴尼亚、突尼斯等国家，也都相继取得了不错的战绩。2006年，华为在毛里求斯承建了非洲第一座3G商用局，在尼日利亚承建了南非于2005年建设的最长的国内传输网。这一年，华为在南非的销售收入便高达10亿美元。仅仅10年时间，华为几乎覆盖了整个南非市场。

除了推广市场和产品的艰难外，华为人在非洲还要时刻面临着生命危险，比如在进驻刚果（金）时的经历，华为好多曾参与其中的员工如今想起来都胆战心惊。

2006年，华为员工前往刚果（金）首都金沙萨开发市场。在这期间，刚果（金）国内正在进行换届选举，由于不能接受总统落选的结果，副总统本巴的卫队与总统卡比拉的卫队之间发生了激烈的武装冲突。双方真枪实弹激战的地方，正是华为员工工作所在地，30多名工作人员全都被困在那里。大家无计可施，只能自求多福。后来经历该事件的员工回忆说：“如果他们稍微动点歪念头冲进来，我们30多号人立刻就没命了。”好在这次冲突很快就结束了，大家有惊无险，也算是上帝保佑！

尽管处处险象环生，但华为人还是在刚果（金）获得了出色的战绩。2006年，华为获得了刚果（金）移动运营商绿洲Oa-sisSpr的一份超过1亿美元的GSM网络工程合同，要为Oa-sisSpr公司建设一个全新的GSM网络。Oa-sisSpr首席执行官在亲身感受到华为产品的稳定、快捷和先进的性能后，说道：“本公司和华为的合作是两家公司发展的里程碑……我们与华为的合作，也将帮助我们在移动市场更具竞争力，获得更高的客户满意度。”

2012年，华为在刚果（金）首都金沙萨建立技术培训中心，刚果（金）总统卡比拉、邮电部长金·吉耶等联袂出席，表达了对此次活动的重视，也表明华为在刚果（金）已经完全站稳了脚跟。

在进驻南非市场的同时，华为对亚洲市场中的中东地区也开始逐渐渗入。

沙特阿拉伯位于亚洲西南部，是世界著名的“石油王国”。在9·11事件发生后，西方世界对这里的国家普遍不信任、不重视，这才令华为有机会在这里拓展自己的市场。

沙特境内有麦加和麦地那两座城市，那里的人都信奉伊斯兰教。每逢朝觐季节，世界各地的穆斯林便来到被称为伊斯兰教圣地的麦加和麦地那进行朝觐，人数最多时达300多万。要保障300多万信徒在同一时间内集中、大量地通话，可不是一个容易的任务。在华为来这里之前，爱立信、朗讯、阿尔卡特等都分别承担过这项任务，效果都不理想。2005年后，华为来到这里，任务就落在华为身上。

为完成这个艰巨的任务，任正非分别向麦加和麦地那派出了最精干的工程师，迅速将两地的通信基站建立起来。经过华为人日夜奋战、多次调试，不论是长途电话，还是短信和网络，很快都达到了设计要求。

华为的名声由此也在阿拉伯半岛传开了，客户纷至沓来。同时，与在非洲一样，面临着同样的一个问题——要打开中东市场，华为人就必须克服对战争的恐惧。

2003年，在伊斯坦布尔工作的华为员工何明、易明军等人接到了一封来自中东的移动运营商发来的邮件，这家运营商位于伊拉克北部的库尔德地区，那里虽然有一个可以和世界连接的移动网络，但拥堵厉害，用起来非常不方便。在听说了华为的品牌后，便希望华为能帮他们改造这个糟糕的网络。

当时，美国和伊拉克之间的战火一触即发，没有人愿意冒着生命危险去做这单并不算大的生意，但华为还是毅然决然地接下了这单业务。由于相关政府部门拒绝为易明军办理前往伊拉克的签证，几经辗转，易明军只好邀请客户先从伊拉克赶到叙利亚，再从叙利亚转机到中国，参观华为的产品和技术。由于美伊战争随时可能爆发，客户的线路改造计划只能延缓，且国外人员也已经被拒绝进入伊拉克。

无奈之下，华为便在深圳总部帮客户培训了几名网络工程师，美伊战争结束后，这几名工程师才千辛万苦地赶到伊拉克国内。战争虽然结束了，但被战火蹂躏的伊拉克到处都是断壁残垣，更可怕的是，爆炸袭击还时有发生。就是在这样的条件下，华为的技术人员开始为这家运营商进行改造老旧网络的工作。

努力终究不会白费，华为精湛的技术、超负责的服务态度，最终赢得了客户的信任。

应该说，与非洲相比，华为在中东地区的发展难度普遍较小，除沙特、伊拉克外，阿联酋、卡塔尔等中东国家对华为的品牌也十分认可。

在亚太地区，华为也迅速成为主流供应商之一。在印度、孟加拉、泰国、柬埔寨、尼泊尔等国家，华为的产品都被广泛使用。

与此同时，任正非也没有忘记拉美市场，派出大量技术人员和销售人员到拉美地区开发业务。2001年2月，华为在巴西也取得了辉煌的战绩，与巴西最大的数据和长途运营商Embratel共同签署了一份超过700万美元的合作项目。2006年，华为技术在阿根廷也实现了商业运营。

经过十来年的“折腾”，华为终于在国外的“农村”市场插起了自己的大旗，建立了自己的根据地，此后便以此为依托，开始对发达国家进行层层包围，为最终进入高端市场打下了坚实的基础。

可以说，海外市场的每一步开拓，都洒满了华为人的汗水甚至泪水。对于这些艰辛，任正非是看得到的。他认为，华为给予员工的好处就是“苦”，没有其他。“苦”的后面是什么？是成就感，是收入的改善，是看着公司不断前进的信心……因此，任正非一直强调华为人具有“艰苦奋斗”的精神，认为如果没有这种精神，华为的国际化步伐将寸步难行。

对于华为的国际化历程，多年后任正非至今仍历历在目：“公司创立之初，就在自己家门口碰到了全球最激烈的竞争，我们不得不在市场夹缝中求生存；当我们走出国门拓展国际市场时，放眼一望，所能看到的良田沃土，早已被西方公司抢占一空，只有在那些偏远、动乱、自然环境恶劣的地区，它们动作稍慢，投入稍小，我们才有一线机会。为了抓住这最后的机会，无数优秀的华为儿女离别故土，远离亲情，奔赴海外。无论是在疾病肆虐的非洲，还是在硝烟未散的伊拉克，或者在地震后的阿尔及利亚以及海啸后的印尼……到处都可以看到我们华为人奋斗的身影……18年的历程，10年的国际化，伴随着汗水、泪水、艰辛、坎坷与牺牲，我们一步步艰难地走过来了……”

6.4 兵贵神速，征战法国

进入新世纪，华为在亚洲的中东、非洲、拉美地区都获得了累累战果。在千禧之年到来之际，目光远大、雄心勃勃的任正非，终于迈开了进军“城市”的脚步。他的第一个目标，就是素来以经济发达和文化昌盛而著称的欧洲。

不过，华为要想在市场壁垒森严、市场细分严格、整体水平较高、有国际大企业盘踞的欧洲做生意，只靠员工的韧劲儿和服务的态度是远远不够的。作为后来者和竞争者，你必须拿出真正能打动他们的东西才行，这个东西就是技术。

一直以来，欧洲都是爱立信、诺基亚、西门子、朗讯等国际电信巨头征战的地方，因此对于年轻的华为来说，这个市场并没那么容易进入。而且，欧洲的厂商在GSM市场上实现了国际化的垄断，想拿到合同甚至可以用“难于上青天”来形容。

即便如此，倔强的任正非就偏偏想上个“青天”。经过一番认真的思虑和对比后，任正非将法国作为华为踏入欧洲市场的第一个国家。

1996年，美国颁布《电信改革法案》，第一个放开了电信运营市场。几年后，欧洲各地也相继放开了本国的电信市场。随着IP等新技术的冲击，一些原来的老牌电信运营商因为技术过于落后而纷纷陷入困境。与之相反的是一些新兴的中小型运营商，由于负担轻、运营灵活，迅速从市场上脱颖而出。

华为要想打入法国，第一个重要任务就是找到合适的代理商。经过一番筛选，华为与法国一个名叫阿尔卡特的公司达成了合作。该公司是一家系统集成商，经常会承揽一些电信的集成项目。当然，作为总承包商，它也需要寻找一些性价比较高的设备商来进行业务合作。两家公司的合作非常成功，这也为接下来华为进驻法国奠定了基础。

2001年2月，法国电信运营商NEUF意图在法国境内建立一套骨干光传输网络。刚开始的时候，NEUF只面向电信运营商做一些光纤的基础网络批发业务，后来才逐渐面向企业和个人用户。它为客户制订的服务计划是：用户每月支付30欧元，即可享受160个数字频道的电视节目、互联网接入服务和传统电话语音服务，即“三位一体”的超值服务。由于这一网络的技术性要求很高，NEUF公司也希望能找到一个强有力的合作者。

为尽快完成这个全新的传输网络，NEUF制定了一个供应商名单，不过这个名单中并没有华为，当时华为在法国还没什么名气。后来，阿尔斯通公司看到了这个名单，便立刻与NEUF公司的CEO米歇尔·保伦取得联系，极力向NEUF推荐华为，希望能给华为参与竞争的机会。米歇尔曾与阿尔斯通公司有些渊源，见老朋友阿尔斯通如此推荐华为，NEUF只好勉强给这个从没听说过的中国公司一次试试的机会。

有这样的好机会，华为当然不会放过。为了能利用这一机会顺利打开法国市场，华为还开出了相当优惠的条件，保证可以以最低的价格和最高质量的服务为NEUF公司建设最初两个城市的网络，并负责运行3个月，然后再交付给NEUF公司进行评估。

价格只是敲门砖，建设网络的速度和质量才是通往成功的金钥匙。一开始，NEUF公司对华为也是持怀疑态度：这个名不见经传的中国公司，真的有他们自己说的那么厉害吗?

兵贵神速，不到3个月，NEUF公司就看到了成果：华为快速建成了两个城市间的光纤网络，并在调试和运营后交付到NEUF公司手中，而评估的结果令NEUF十分满意。华为高效、快捷的服务，彻底让NEUF公司心服口服，他们不禁对华为的工程师们竖起了大拇指。华为在这一项目中的完美表现，也使其在法国声名大噪。此后不久，NEUF公司就与华为签订了其在整个法国的光网络传输合同。

基于之前的顺利合作，2003年3月，NEUF公司又与华为签订了一份有关DWDN国家干线传输网络的合作合同。值得一提的是，在NEUF公司的6个主要供应商合作者中，华为排名第一，就连思科、阿尔卡特等大公司都被华为远远地抛在了后面。华为也终于拿到了法国市场的敲门砖。

浪漫的法国很快也成了华为在欧洲的第一个投资建设基地，2007年，华为在法国西北部的塞尔日市设立了第一家产品技术研发中心。此后，华为相继又在法国建立了两家研发中心，实现了华为在法国几乎所有科技研发和市场推广的服务，这对于华为日后在法国提升研发能力，以及更方便、快捷地为客户服务有着非凡的意义。

2009年9月15日，华为在法国巴黎近郊举行了隆重的新址落成仪式，庆祝第三家研发中心在法国成功建成。至此，华为的3家研发中心便可以分工明确地进行自己的任务，其中，塞尔日研发中心负责无线技术的基础性研发工作，拉尼翁研发中心负责移动宽带性能的革新流程，而布列塔尼研发中心则主要负责固定宽带的技术性创新。

任正非曾说，华为的员工要学会脱掉“草鞋”，换上更显潮流的“皮鞋”。在这方面，驻法国工作的华为员工们都在努力实施着。因为欧洲是个等级制度森严的社会，你要想与那里的企业合作，就必须先找到合适的“中间人”，否则根本见不到运营商。也就是说，华为在那里要先学会与直接客户打好交道，再“借力打力”，通过直接客户去寻找到更多的客户。

比如，法国分公司总经理温群，为了尽快融入到法国客户中，不仅努力学习法语，平时还要经常吃法国餐、穿法国衣服，以便自己可以换上“新皮鞋”，尽快融入法国的民族文化当中，从而帮助华为尽快融入法国。这就是“遗传”了任正非理念的华为人。

与此同时，从华为对法国市场的开拓中，任正非所思考的关于华为的发展问题也变得更加深刻。一次，任正非拜访了阿尔卡特董事长瑟奇·谢瑞克先生。在交谈中，谢瑞克先生略显沉重地说：“我一共投资了两个企业，一个是阿尔卡特，一个是阿尔斯通。阿尔斯通是做核电的，经营核电企业要稳定得多，无非就是煤、电、铀等，技术变化不大，竞争也不算激烈；但通信行业太残酷了，你根本无法预知明天会发生什么……”

作为21世纪初期全球电信制造业的标杆公司，阿尔卡特董事长的这番感慨让任正非十分震惊。回国后，他多次与公司高层探讨：华为的明天在哪里？华为的出路在哪里？

经过华为内部的一番大讨论，大家达成的共识就是：华为要坚持“以客户为中心”的经营理念。不管是今天，还是未来，这一根本理念都不能改变。客户是华为存在的理由，也是一切企业存在的理由。

经历得多，经验就越多。不管是华为，还是任正非自己，都从华为一步步前进的过程中领悟到了一个个或浅显或深刻的道理。而这些，也逐渐成为构建华为经营理念、发展根本的基础所在。

所以说，征战法国让华为从经营到理念上都获得了大量的经验。有了法国市场的大获全胜，任正非对华为的国际化战略也更有信心。接下来，他的目光又将转向哪里呢？

6.5 与英国电信牵手

英国曾被称为“日不落帝国”。在工业革命的短短几十年里，英国由一个落后的农业国迅速发展成为世界上最先进的资本主义头号工业强国，号称“世界工厂”，在世界上称霸长达半个世纪之久。

工业革命给英国生产力带来的巨大飞跃，使英国在此后的几十年里一直都保持着飞快的发展速度。到19世纪中叶，英国已凭着先进的生产力和雄厚的经济实力成了一个世界经济强国。

虽然今天的英国人已不再享有维多利亚时代的殊荣，但很多人在精神上仍然保留着那个时代的印记。尤其在英国的消费市场上，人们仍然能看到这个民族在100多年前遗留下来的优越感和自豪感。

因此，任正非带领他的华为准备挺进英国市场时，毫不意外地遭到了英国人的轻视和排挤。他们不仅不相信中国能研制出高性能的交换机，更不想给华为任何投标机会，哪怕是“试一下”都不行。

在这种情况下，任正非清楚，华为的产品要想进入英国，就必须先获得英国电信市场中最具有号召力和研发实力的企业的认可。只有这样，华为才能获得英国民众的认可。

在当时英国的电信公司中，英国电信集团（BT）占据首要地位。它的前身是英国国营电信公用事业，之前一直由英国邮政总局管理。1981年10月，英国电信集团从英国皇家邮政脱离出来，成为一家独立的国营企业。不过，该企业的实力也决定它始终都是全英国最大的电信设施硬件营运者。

华为要想在英国获得招标机会，就必须先得到英国电信集团的认可。但它有着极其严格的考核程序，光要审查的项目就多达12个。就算是一些西方电信设备巨头要进入英国，也不敢对英国电信集团掉以轻心。

这是一场不折不扣的硬仗，要打赢它，过程一定是极其艰难的！

任正非曾说："要想成为一流的企业，就必须有一流的客户。"因此，在征战海外市场的过程中，任正非一直都希望能针对一流的客户进行征服，而英国电信就是其中的代表之一。

为了能啃下这块硬骨头，任正非在经过一番深思熟虑后，决定派出华为中一位极有分量的高层人物负责这项业务，这个人就是华为董事会的元首孙亚芳。同时，任正非还给孙亚芳派了一位助手——华为常务副总裁费敏，可见任正非对英国市场的重视。

在孙亚芳和费敏的指挥下，华为很快成立了BT认证筹备工作小组，小组成员涵盖销售、市场、供应链、人力资源及财务等多个部门的精英，认证筹备很快便进入到"备战"阶段。

2003年年底，在孙亚芳等人的不懈努力下，华为终于迈过了"高门槛”，艰难地进入到英国电信集团的竞标行列之中。不过，这才是万里长征的第一步，接下来，BT采购认证团将正式对华为进行为期4天的审查。

BT采购认证团此次对华为进行的认证项目包括产品和解决方案的质量、公司发展战略、管理体系、质量控制体系、项目管理及企业的社会责任等。尤其在客户交付的产品蕴含的复制性及预测性方面，考核的过程更加严格。在考核完这些项目后，认证团又对华为的资信、运营信用及人权等方面进行了审查。

华为原本以为自己准备得够充分了，而直到真正考核时，才发现自己在很多细节方面都有着明显的不足。面对考核过程中专家多次的苛刻提问，华为的技术人员回答不上来；而在实际操作中，华为的很多缺陷也是逐一暴露。4天后，B采购认证团给出了华为的考核分数，华为的很多业务指数都没有达标。就这样，华为与此次机会失之交臂。

最后，专家们甚至给了华为一句“善意”的鼓励：“希望华为能成为进步最快的公司。”这句话刺激到了华为人，更刺激到了一向不肯服输的任正非。

华为在英国电信集团面前这样的表现，的确让任正非既意外又蒙羞。当然，他很清楚，这不是孙亚芳和筹备小组的错，实事求是地说，当时的华为与英国电信集团之间的确存在着很大的差距。同时他也深刻地领悟到，企业组织的可复制能力与可预测性体现在一系列流程化的结果，已经成为现代规模管理的基础。华为要想有所发展，就必须跨越这个门槛。

从哪里失败，就从哪里爬起来。失败过后，痛定思痛，任正非马上组织相关人员开始学习对方在管理和质量控制等方面的长处。整整两年时间，华为不仅为此付出了巨大的努力，同时还付出了数以亿元计的资金，一直都在暗暗积蓄力量，为下一次更严峻的挑战做着准备。

2004年以后，英国电信集团再次缩减合作名额，最终仅选定最优秀的8家企业参与招标。为了能冲入这8家企业名单当中，任正非也是拼了，声言一定要不惜一切代价让华为出现在招标名单上！

为了增加胜算，任正非还选定了华为在欧洲投标部的项目主管崔俊海全权负责此次华为的竞标业务。崔俊海于1998年进入华为，第二年便凭借出色的业绩进入国际投标部。在国际投标过程中，崔俊海被称为是华为的“常胜将军”，就连他自己都数不清一共帮华为中了多少标了。此次在英国电信集团这么重要的竞标业务中，这么重要的人物自然不能缺席。

2005年4月，经过崔俊海和华为所有相关工作人员的艰苦努力，华为终于拿到了英国电信集团给付的“金钥匙”，正式入选“21世纪网络”的优先供应商名单。2005年12月23日，华为与英国电信集团签署了供货合同，华为终于看到了胜利的曙光。

对于此次竞标成功，一位华为的高层人员后来说：“这已经不仅仅是为了英国电信，而是为了真正接近世界级电信设备商的管理水平。以后都是硬碰硬的较量，取巧不得。所以，华为被认证的过程其实比认证的最终结果对我们更有意义。”

英国电信集团对华为的认可，随即便在英国国内引发了一系列的连锁反应。很快，英国的其他家公司也陆续向华为伸出了橄榄枝，希望能与华为展开合作。

2006年11月21日，华为与英国固网的“大哥”沃达丰达成合作。能够在英国获得英国电信集团和沃达丰这样的企业巨头的认可和接纳，意味着华为已经拿到了进入欧洲主流市场的通行证。与此同时，这也是华为迈向世界级企业层次重要的一步，为华为跻身于世界通信巨头的行列奠定了基础。

任正非曾说：“海外市场拒绝机会主义。”开拓英国市场的经历，也让任正非越来越清晰地认识到什么是全球领先，认识到自身与国际化大企业之间的差距，但同时也从一点一滴中为华为积累起全球竞争的经验。在争夺海外政府采购单的战斗中，决定性因素就是华为与西方公司之间的差别，产品研发与服务始终贴近客户，与各国运营商之间结成利益共同体。

“什么是核心竞争力？”任正非说，“核心竞争力就是客户选择我而没有选择你。”在面对海外广阔的市场过程中，任正非也越来越意识到，技术的背后其实是“基于客户价值的公司能力”，这也许正是华为全球竞争力的根本所在。

6.6 在荷兰业界成就传奇

在法国和英国取得了不俗的战果后，华为立足欧洲的信心倍增。在这一时期，华为仍然在用价格优势抢占欧洲市场，这种优势在短时间内的确对世界级电信巨头造成了不小的冲击，但光靠打价格战毕竟无法支撑华为向更为主流的市场跨越。要想在国际主流市场占据一席之地，华为未来的道路还很长。

任正非当然也明白这个道理。随着华为“领土”的不断扩张，任正非的“野心”也变得越来越大。在这种情况下，华为的产品在保持价格优势的同时，还必须不断提升技术含量。只有这样，华为才能从原来的“吃边缘市场”逐渐转变为真正的“从虎口夺食”。

荷兰是西欧最发达的国家之一，要立足欧洲市场，荷兰就是华为必须拿下的一块“阵地”。2003年，任正非给华为荷兰代表处主任陈海军下达了任务，要求陈海军在荷兰开辟出新的市场。

当时，荷兰国内的移动业务竞争非常激烈，在这个仅有1600万人口的小国家里，就有沃达丰、Orange、T-Mobile和荷兰第一大电信公司KPN在展开竞争。这四家都是世界级的大公司，除此之外，还有一个名叫Telfort的公司，是荷兰本土的一家发展迅速、业务领先的移动运营商公司，曾被荷兰“独立的消费者组织”评为荷兰最好的网络之一。

陈海军到达荷兰后，便开始马不停蹄地拜访当地的客户，不久，他就通过荷兰邮政电信部门的一位朋友结识到了Telfort公司的一名高层经理。两人一见如故，很谈得来。通过详谈，陈海军惊喜地了解到，Telfort公司早在2000年7月就拿到了3G运营牌照，但直到他们见面时，3年多时间过去了，Telfort公司在荷兰仍然没能开通3G业务。

原来，在荷兰的5家电信公司中，Telfort公司的实力最为薄弱。除了担心自己的研发技术和设备跟不上3G业务的要求外，荷兰的实际发展情况也是他们迟迟没能开展3G业务的另一个原因。

荷兰是欧洲人口密度最大的国家，这个国家有个巨大的优点，就是相当重视环保。如果要在荷兰国内开展3G业务，就必须先建立基站，安装基站和射频设备，这不仅要花费大量的资金，还要征得建筑物业主的同意。建立基站要花钱，安抚和补偿业主也要花钱，里里外外算起来，3G业务对于Telfort公司就成了一块鸡肋。

其实在这之前，Telfort公司的设备供应商是诺基亚，公司曾希望诺基亚能协助自己解决这个难题，但诺基亚以开发规模太小拒绝了。无奈之下，Telfort又转而去找市场老大爱立信，表示自己愿意放弃诺基亚，来与爱立信建立合作关系。可在爱立信眼中，Telfort这样的小公司根本没什么“油水”，自然也看不上。

2003年，在Telfort公司即将面临破产的时候，遇到了华为的陈海军，而对方的这一局限也让陈海军发现了机会。针对Telfort公司的顾虑，陈海军回去后便与华为的研发人员进行分析，一周后，华为为Telfort公司设计出了一套切实可行的分布式基站方案。

在这套方案中，他们将基站分为BBU（基带处理单元）和RRU（远端射频单元）两个彼此分离的部分。基站设备可直接安装到Telfort公司原来的机柜中，或安装在靠近天线的抱杆、墙壁上。这个方案不但规避了Telfort公司担心的安装和空间问题，还比常规方案节省了三分之一的费用。

当陈海军将华为的这一设计方案提交给Telfort公司过目后，Telfort公司却半信半疑："你们说得这么好，那基站能说分就分，说合就合吗？"

为了能拿下这个订单，陈海军真诚地邀请Telfort高层前往华为进行参观，并带领Telfort公司的技术人员实地考察了华为位于阿联酋、中国香港、毛里求斯和马来西亚四个城市或国家的3G商用网络，让Telfort公司真正了解到华为的技术能力和设备运行状况等。最终，华为过硬的技术和无比优质的服务打动了Telfort公司，Telfort公司也将这个超过2亿欧元的3G订单给了华为。

华为也的确没让Telfort公司失望，几个月后，华为的分布基站便顺利完工，通过了测试，成功开通了荷兰的3G商用网络。这次合作，让Telfort公司对华为的技术、服务等都相当满意。

任正非在针对如何打开国际市场时曾说："海外营销容不得投机取巧，坚决不能有合同呼啦啦就来了，没合同呼啦啦就走了，而是一场稳扎稳打、步步为营的持久战。只要我们在跨国竞争中表现出自己的优势，踏踏实实地做到质量优、价格低、服务好，那么国际市场的大门迟早会被我们撞开。”

的确如此，华为与Telfort公司的此次合作，不仅让Telfort公司对华为的技术、产品和服务有了新的了解，也让华为在荷兰一炮打响。在这次合作完成后不久，华为便收到了荷兰多家公司抛来的橄榄枝，就连大名鼎鼎的荷兰皇家电信集团KPN也很快成了华为的合作伙伴。

2005年6月7日，华为与荷兰皇家电信集团签署了第一份合作协议，华为正式成为其全国骨干传输网的唯一一家合法供应商。此次项目的范围覆盖了荷兰全国的各大城市，这也意味着，华为在荷兰的市场广度已从最初的海牙拓展到了荷兰全境。

其实皇家电信集团在当初选择运营商时是慎之又慎的，虽然刚刚进入荷兰的华为口碑很好，但要成为这么大的一家电信集团的供应商，光靠口碑显然是不够的。因此，刚开始皇家电信是想从华为、朗讯和阿尔卡特三家公司中选一家。直到华为率先一步将自己的产品从深圳运输到海牙，在速度的比拼中赢过了对手，才直接促成了皇家电信集团与华为之间的长期合作。

半个多月后的6月24日，华为与荷兰皇家电信集团签署了第二份有关CWDM/DWDM项目的独家供货合同。这份合同不仅是华为牢牢占领荷兰市场的标志，也为荷兰皇家电信集团提供了更大的助推力量。2006年之后，荷兰皇家电信集团的年销售收入便超过120亿欧元，一跃发展成为荷兰最大的全业务运营商。而由荷兰皇家电信集团操控下的泛欧光纤网络，也一度覆盖了整个欧洲的西部地区。

华为以自己的实际行动，赢得了荷兰消费者的信赖。一位在荷兰工作的华为员工曾自豪地说：“在荷兰，我和移动的老大（爱立信）和固网老大（阿尔卡特）都交过手，结果都赢了。”这份欣喜和自豪也让华为人对自己、对华为越来越有信心。

当然，要征服任何一个海外市场，过程都远比结果更加艰难和复杂。但就像任正非说的那样，“一切以客户为中心，以奋斗者为本”，这话听起来似乎像“套话”，做起来却没那么容易。正是这些我们耳熟能详却又很难身体力行的“套话”，才成就了今天的华为。因为有的企业做不到，而华为做到了。

企业的理念其实就是老板的理念，任正非是这些“套话”的制定者和第一个执行者。在这个过程中，他是个既强硬又“无我”、把自己放得很低的人。他曾经明确表达：“在华为，坚决提拔那些眼睛紧盯客户、屁股对着老板的员工；坚决淘汰那些眼睛盯着老板、屁股对着客户的干部。前者是公司价值的创造者，后者则只会牟取个人私利。”由此也可以看出任正非对客户的重视程度。

的确，只有服务好客户，满足客户的需求，客户才会把口袋里的钱心甘情愿地掏给我们。任正非当然很清楚这个道理，而且这不仅是华为，更是任何一个企业能够持续发展下去的基础所在。

6.7 “拿下”德国，“控制”欧洲

在欧洲，德国的经济实力、文化水平、民族素质等，无疑都是最为强大和最令人欣赏的。华为要想在欧洲站稳脚跟，自然就不能丢掉德国的市场。如果说华为得到英国电信集团的认可相当于拿到了一半的欧洲市场，那么要在德国建立自己的分公司，则意味着在某种程度上已经真正实现了对欧洲的“控制”。

虽然历经两次世界大战，但德国仍然凭借较高的国民素质和过硬的软实力在战后快速恢复了元气，并将英国、法国等战胜国远远甩在了身后。而在电信领域的发展，德国的通信科技不仅要比英、法更为先进，最重要的是，德意志民族一向以严谨和认真著称。华为的产品如果不能通过德国一方的测试和认可，要踏入德国的门槛是绝对不可能的。

任正非曾对华为的工作人员说：“要进军德国的意义重大，能不能胜出就在于我们的产品究竟是不是高科技，是不是我们真正用心做出来的产品。”

与英国电信集团一样，德国也有自己代表性的王牌运营商——QSC

电信运营公司。这家公司坐落在德国的科隆，在整个欧洲都享有盛名。它不但拥有属于自己DSL网络的全国性电信供应商，在向商业用户与居民用户的服务输出中，还可提供高性能且丰富的宽带通信业务，如各种宽带专线的精心设计、数据业务的提供、语音话聊技术支持等，并且它还有广泛的客户企业网络。

除了在自己国家内的发展，在全球范围内，QSC公司也有着很高的声誉，不仅与多家NGN制造商有着长期的合作关系，而且还在不断结交新的战略合作伙伴。

很显然，如果华为能与QCS公司建立合作，对于华为在欧洲乃至全世界的发展都是极其有利的。

2004年年底，QSC宣布将要在德国建设NGN网络，公开向外界招标。其中夺标呼声最高的是一家国际通信设备公司的驻德公司，该公司的负责人叫詹姆士。鉴于用户对业务的极高要求，QSC在全国范围内考察了多家NGN制造商，当然，其中接受考察的也包括华为和詹姆士所在的跨国公司驻德公司。

其实对于QSC庞大的公司业务，此次项目算不上什么大项目。对于此次审查，詹姆士也是完全有信心完胜华为的。作为一个世界级的通信设备制造商，詹姆士所在的公司不仅拥有各种知名品牌，在欧洲也拥有众多的合作客户，“客户基础”很牢固。可以说，天时、地利几乎都被詹姆士所在的公司占了。在他看来，这个叫华为的公司不过就是个从发展中国家走出来的“草根”而已，能有什么真本事？

对于华为来说，这却是一次非常难得的机会。虽然自己的实力似乎不及詹姆士的国际大公司，但身在德国的华为员工却没有丝毫的懈怠和灰心。哪怕最终的结果不能由自己决定，华为的员工也都想尽自己最大的努力，去影响和改变那个结果。

任正非和华为人都知道，要想顺利进入德国，这一仗华为就必须赢。只有赢了，才能让华为获得德国人的认可，华为也才有更多的机会迈入德国市场。而要想打赢这一仗，就不能不提前做好万全的准备，所谓“知己知彼”才能“百战百胜”。为此，在QSC公司刚刚宣布这一项目时，任正非便要求华为的研发人员在华为内部对该项目进行虚拟测试和考核。基于此，华为团队在技术营养、应变能力、管理机制等方面都在不断提升。

2005年2月，QSC公司开始对多家竞标公司进行严苛的产品对比测试。出乎詹姆士所在公司等国际大企业意料的是，这个叫华为的中国小公司在此次测试中表现得几近完美，最终脱颖而出，独家中标QSC公司的NGN项目。

QSC公司的测评专家在测评报告中对华为的评估是：“华为的NGN解决方案——USYS的业务兼容性、设备稳定性、协议标志性更胜一筹。”而QSC公司的一位总裁也对华为做出了很高的评价：“华为公司以其快速响应需求的能力和技术创新能力，给我们留下了非常深刻的印象。其端到端的完善解决方案完全可以满足我们客户化的需求。我们完全相信，在NGN领域里，华为公司是相当理想的合作伙伴。”

3月14日，在被称为“世界会展之都”的德国汉诺威城，举行了一年一度的汉诺威计算机及通信博览会（CeBIT）。华为不仅参加了此次盛会，还在众多实力雄厚的竞标对手面前大出了一番风头，不仅吸引了无数人的目光，也让那些行业巨头大跌眼镜。

毫无疑问，华为成为NGN项目中最大的赢家。为了表示对华为的重视和信任，QSC公司还同时宣布了未来将与中国华为结成战略合作伙伴，共同建设覆盖德国全境200多座城市的NGN网络。

华为在德国的事业逐步推广开来，2007年，华为科技将其欧洲总部从英国迁到德国的杜塞尔多夫。此外，华为还在法兰克福、慕尼黑、达姆斯塔特等地相继成立了分部，以便可以为华为员工创造更好的学习机会，学习德国先进的技术和创新能力，同时为德国提供更优质的产品和更快捷的服务。

华为在德国开展业务和不断学习的同时，也与德国的电信企业展开了激烈的竞争，并且捷报连连。其中，在西班牙电信旗下的O2运营竞标中，华为实现了全德国最大规模的现网升级，并顺利地实现了对O2固有的5000多个基站的搬迁和更替。同时，华为还将自己的3000多个基站慷慨地赠送给O2，以帮其网络扩容发展计划。

华为的壮举，让曾经都不看好华为的O2高管们既震惊又佩服。O2南部地区网络副总裁曼弗雷德感慨地说：“这是个了不起的成就！仅仅494天，我们就完成了O2历史上最大的搬迁项目，达到了一个重要的里程碑！”而对于华为，“那是个了不起的团队！感谢团队极为出色的表现。”

几年后，德国北威州州长吕特格斯来到中国，前往华为的上海研发中心参观，并主动向华为发出合作邀请。双方就在德国杜塞尔多夫创建新的研发中心签订了友好合作意向书，这也标志着华为在德国的进一步发展与壮大。

历经多年的艰苦努力，任正非终于将华为推到了一个无论是国内同行还是国际巨头都不敢再轻视的地位。他不仅打破了国际巨头在中国市场垄断的局面，还将华为带往全世界，让世界更多的人认识华为、了解华为、接纳华为。

第七章 转折时刻，舍我其谁

扫平亚、非、拉，征战“日不落帝国”，任正非带领着他的华为军团一路披荆斩棘，以“农村包围城市”的发展战略，一步步走出国门，走向世界。任正非曾经高呼“华为要占三分之一天下”的雄心壮志，现今已经成为现实。可以说，在出征的路上，华为已是“行百里者半九十”，再有“十里”就成功了。然而，接下来的这“十里”路程，任正非和他的华为却历经生死转折。因为这一次华为即将征战的国家，是一向被称为“超级大国”的美国！

7.1 初涉北美，挑战思科

自从习近平主席提出“一带一路”的倡议后，我国企业国际化的步伐便逐渐加快。然而总体上来说，我国企业国际化的状况并不乐观，多数企业都是回报低于付出，最后都陆续退出了国际市场。然而，华为却独辟蹊径，运用国际化思维，成了世界级的大企业。

华为之所以能鹤立鸡群，成为行业的翘楚，原因就在于其领导人任正非运用了国际化的发展路径。为了能让企业走得更加长远，任正非从通信行业跳出来，用更宽阔的眼光去观察国际大势。早在1995年时，任正非就发现，依靠区域市场生存的电信设备商将来定然会退出市场，所有电信设备商必须坚持国际标准，才能让企业发展得更为久远。为此，从1996年开始，任正非便开始为华为进行国际化布局。

首先，华为拿出一部分钱，多次组织国内年轻的大学毕业生出国参观、考察，同时又花巨资推出了“东方快车”“东方丝绸之路”等品牌计划，目的是用这种方式让国际客户慢慢熟悉华为的存在。

其次，在各企业还在为新经济狂热不已时，任正非已经透过经济泡沫看到了行业供给的无限性与需求有限性之间的矛盾关系。为此，华为坚持几十年如一日地以自主知识产品与优良服务为坐标，为所有华为的用户提供各种超值服务。这种真正国际化的思维，成为华为日后打开国际市场的关键所在。

作为一名领导者，任正非有着强烈的精神本能，这种精神本能也让他洞悉了华为最深藏的对手：华为人的狭隘与懒惰。为此，他在《华为基本法》的第一条中就写明：永不进入信息服务业。通过无依赖的市场压力传递，使内部机制永远处于激活状态。”正是依靠这种倔强，任正非才令华为在国际市场上快速生根。

在任正非看来，华为要度过“冬天”，企业国际化是唯一的出路。因此，在刚刚规划《华为基本法》时，他就明确提出，未来要将华为打造成为一个国家化的企业。从这之后，他便带领华为一步步迈向国际化的道路。

2004年7月28日，华为以“思科华为案”为跳板，全面出现在全球视野内，在国际市场上正式获得了合法身份。

说起“思科华为案”，通信行业的人几乎无人不知、无人不晓。自从20世纪90年代开始，任正非便带领着华为一边在发展中国家扎根，一边在发达国家逐渐扩大“战果”，双线作战，收获颇丰。在这一过程中，一个对他来说最为强大的对手正在大洋彼岸静静地观看着时局。这个对手就是美国。

毫无疑问，美国是世界上第一科技强国，其通信技术和设备在全球范围内都占据绝对的优势。而且美国的市场很成熟，很多国外的企业都希望能跻身于美国市场，在美国市场占据一席之地。但同时，美国市场又是国外企业最难进入的市场，亚洲无数家公司竭尽全力，往往都是乘兴而去，败兴而归。

在国内的许多知名企业中，曾有几家先后进入过美国的市场企业，分别是张瑞敏的海尔、柳传志的联想和实力雄厚的中国海洋石油公司。此外，科龙、中国台湾的Acer公司等，也相继为进入美国市场付出过巨大的努力。然而，这些企业在国内和其他国家都能顺利地流通和输出，唯有在美国市场，即使费尽千辛万苦挤进去了，最终几乎也找不到任何可发展的空间。

2004年后，华为的国际化战略取得了显著成效，业务覆盖的范围已多达77个国家和地区，其中有14个为发达国家。可以说，华为的业务已经拓展到了除美国之外的世界各地。任正非甚至还曾刻意地避开美国市场，不与其发生正面冲突。

2007年，华为在欧洲等市场的业务流程机制基本已经完善，华为已完全有实力与世界上任何一个国家的企业进行竞争了，这时，任正非的目光才从别处转向美国。

理想很丰满，现实往往很骨感。从国内多家企业在美国市场屡战屡败的“战绩”中，任正非很清楚，美国市场的实力远不是欧洲、俄罗斯等老对手所能企及的，因而一直以来，在美国市场上虽然依稀可见华为的产品，但华为却从未投入精力去推销自己的产品。

不过，这并不代表任正非没有为华为进入美国市场做准备，事实上早在1993年时，华为就在美国设立了第一家芯片研究所，地点位于美国的高新技术产业基地——硅谷；1999年，华为又设立了第二家技术研究所，地点是在美国得克萨斯州的达拉斯市。这两家研究所自成立起，就开始进行高端技术的研发。任正非很清楚，不论要进入哪个国家，都必须先将技术搞上去，这样才能在市场竞争和产品革新方面占据制高点。尤其是在聚集了世界一流知识、理念和科研精华的美国市场，没有高端的技术是完全没可能踏入的。

2002年4月，华为的第一家美国子公司——Future Wei公司终于宣告成立，这也意味着华为试图进军美国的步伐越来越近。

与进入英国、德国等国家的市场一样，华为在进入前都要与当地的“地头蛇”过过招。在美国电信市场上，最有实力的就是思科系统公司。华为要进入美国，也必然要先会一会思科这个美国电信的巨头企业。

思科诞生于1984年，其创始人为美国斯坦福大学的一对教员夫妻。当时，两人发明了一种联网设备——“多协议路由器”，通过这个设备，斯坦福校园内原本不相兼容计算机之间的局域网实现了整合，由此而形成了一个统一的完整网络。为此，这个联网设备也被当作联网时代真正到来的标志。

1991年，约翰·钱伯斯成为思科的第二代建设者。在钱伯斯的努力下，思科快速发展壮大，其市场纵横美国和世界各地，并逐渐在美国商界获得了一个霸气的称谓——“王朝”。到1999年，思科年销售收入已高达121亿美元，市值一度超过5000亿美元，一跃成为全世界市值最高的公司。它的掌舵者钱伯斯，因此也被称为“互联网先生”。

思科的经营范围十分广泛，几乎囊括了网络建设的所有部分，除了路由器的制造和研发外，其在交换机领域的技术改良方面也是独辟蹊径。而且，思科的信息数据库更新非常快，每隔4个月，数据库中就可以增加一倍的网络信息量。这样的成绩，世界无二！

随着自身实力的不断壮大，思科公司已发展成为世界公认的互联网解决方案领先厂商。由思科公司所提供的解决方案，在全球各地成千上万的企业、高校、政府、服务等部门和零售行业内都受到了广泛的欢迎。

巨大的成就，必然会带来巨额的收入。2004年，思科的年营业额超过了220亿美元。到2008年，其年收入已迅速增加至400亿美元。

与任正非所领导的华为一样，思科也无时无刻不想着国际化，进入中国市场是思科必走的一步。当然，在拓展中国市场时，思科也付出了很多心血和汗水，而且这份心血和汗水很快便换来了出色的成绩。到2011年11月，思科在中国杭州、合肥和苏州先后成立了3家本土研发公司，不仅给中国带来了尖端的网络技术和产品设备，还在中国培养了一大批高科技的人才。

2013年以后，思科研发出了以UCS服务器为核心的云计算数据中心的解决方案，逐渐被中国的教育系统所采用。在这个过程中，思科也逐渐建立起了初具规模的教育云数据中心。

可以说，与华为进入其他国家的市场比较，思科进入中国市场算是比较容易的，而且在进入后也很快就有了收获。但是，华为想进入美国市场却没这么容易。一向在路由器、交换机等领域有着绝对优势和全球市场高占领率的思科，面对在该领域迅速崛起的华为，自然会感受到巨大的威胁。要捍卫自己的领军地位，思科也必然会想方设法打压华为。遇到这样强劲的对手，华为和任正非要经受的考验和挫折可想而知。

事实上，从1999年开始，华为与美国的龙头企业思科就已经有了正面交锋，交锋的地点是在中国。到2002年，在中国的路由器、交换机市场，华为的市场占有率便直追思科，成了思科在中国市场上最大的竞争对手。

不仅是在中国，在思科的“老家”美国，华为也已逐渐形成气候。自从1993年在美国成立第一家研发中心开始，华为就一直在致力于技术研发，试图日后能够通过高端的技术融入美国市场。随着华为国际化进程的推进，其业务遍布欧洲以及亚、非、拉等地区和国家，占据全球最大电信设备市场的思科，所感受到的威胁和压力也逐渐从中国蔓延到美国乃至全球。

思科能甘心吗？自然不能；华为会认输吗？当然也不会。

双方剑拔弩张，一场硬仗一触即发。任正非准备好了吗？

7.2 “华为威胁论”始末

任正非经常会引用一个在业界享誉很久的比喻：“为了不让狮子吃掉，羚羊必须跑得比狮子快；为了不饿肚子，狮子又必须比羚羊跑得快。”所以，从一开始，任正非就给华为明确了两重身份：在国内市场做“狮子”，在国际市场做“羚羊”。而从一定意义上来说，正是这种双重角色，成就了今天的华为。

然而，在进军北美市场的过程中，思科可没想让华为当一只奔跑的“羚羊”，只想让它当一只乖乖被吃掉的“小绵羊”。只不过，这只“小绵羊”看起来似乎不太好惹。

2002年6月，美国亚特兰大举行了一次电信设备展。在这次展览上，华为的全线产品首次正式亮相。其时华为所展示的数据产品，在性能方面与思科的产品不相上下，但价格却比思科的产品要低20%～40%。

这次展览结束后，华为的数据产品迅速在美国走红。到2002年年底，华为在美国市场的销售额较上一年度增加了近70%。相比之下，由于市场上华为产品的冲击，思科在全球网络设备市场的销售额和市场占有率首次出现了下滑趋势。

这年秋天，巴西的一家大型企业举行了一次数据产品招标会，作为竞标对手，华为再一次击败思科，成为巴西客户首选的合作伙伴，拿下了一份400万美元的订单。而原本胜券在握的思科却一无所获。据说在巴西招标会结束的第二天，钱伯斯就开除了负责招标的市场经理。

其实，华为能在此次竞标中胜出，不仅仅在于产品的性能，更在于低廉的价格。在美国市场，华为打出的广告语就是："唯一不同的就是价格。"这一宣传点也让华为在对手如林的市场中步步获胜。此次又赢得了巴西市场，这更加加剧了思科的不安。

在华为与思科展开竞争之前，思科的广告语为"思科在你身边，世界由此改变"。而在遭遇华为的威胁后，人们开始调侃思科的这句广告语，将其改成了"华为在你身边，思科由此改变"。华为的广告宣传背景为金门大桥，金门大桥恰恰就是思科的标志。华为的这一行为，也被思科认为是在故意挑衅。

随着华为在美国市场上的飞速发展，"华为威胁论"这种观点开始在思科的内部出现，后来甚至出现在各种新闻报道中。见两家企业竞争如此激烈，美国媒体也趁机凑上来点了把火，多以"中国的电信巨人华为"为题，大肆渲染华为和任正非的各种传奇发展史。顿时，西方各家媒体一哄而上，纷纷发表带有"华为威胁论"的评论，从各方面将华为与思科进行对比，评价谁强谁弱。

华为快速的发展势头及媒体的大肆评论，让钱伯斯再也淡定不了了。为了遏制华为的发展势头，钱伯斯在思科内部成立了名为“BEAT华为”（打击华为）工作小组，并在公司内网上设立了专门的主页，和全球员工一起探讨该如何对付华为，以夺回思科曾经的霸主地位。

事实上，在亚特兰大举行的电信设备展还没结束的时候，美国市场就开始有人怀疑华为的技术背景了。在一家行业网站上，还有人专门拿华为的产品与思科的产品进行了详细的对比，其中包括产品外观、型号、性能等，甚至还给出相应的对比结果，认为两家公司的产品极其相似。

2002年12月，思科全球副总裁特意从美国飞到中国，来到华为总部，面见任正非，并正式向华为提出华为侵犯思科知识产权的问题，指责华为在知识产权方面给思科造成了极大的侵害。为此，思科强硬地要求华为承认自己的侵权行为，同时还要给予思科巨额赔偿，并保证此后不再继续销售类似的产品。

为了不让不利的舆论影响自己国外市场的销售情况，任正非对思科做出了让步，表示停止在海外销售思科明确指出的各类产品。但是，关于软件侵权问题，任正非是坚决不承认的。

思科见任正非如此“嘴硬”，便继续就“侵权”问题与华为交涉。任正非虽然一直想息事宁人，不愿与思科过分纠缠，但更不愿任人污蔑、受人宰割。经过几番交涉后，双方仍互不妥协，最终不欢而散，思科副总裁怒气冲冲地返回了美国。这次交手，也为日后双方对簿公堂埋下了种子。

思科没有制服华为，自然不会善罢甘休。任正非也很清楚，此次交涉不过是对方正式“交手”前的一次预热，思科来者不善，接下来肯定会有更大的暴风雨在等着华为。既然思科称华为的产品有侵权行为，而华为不认可，那就必须拿出自己研发的证据来。于是，未雨绸缪的任正非立刻安排相关技术人员对自己的产品进行“体检”，提前把好产品的质量关。

负责产品质量检测的是研发部的副总裁费敏。接到任正非的安排后，费敏马上组织技术人员对每一件产品进行细致的检测和修改编辑。同时，华为市场部的工作人员还在公司之外积极搜集对华为有利的资源和证据，时刻准备着应对思科的进攻。

华为的种种行为自然也被思科看在眼里，思科认为华为这样做不过是“做贼心虚”，费敏却坦然地回应说：“这样做不过是为了表示我们解决问题的诚意。”

经过检验，华为所有的产品虽然在设计和性能上与思科的产品有相似之处，但完全没有侵权、抄袭行为。这也让费敏的心里更踏实了，他立刻将检验结果发给思科，并告知思科：“现场没有律师参与，只有我们自己内部对产品技术层面的检验。”

对于这样的结果，思科自然是不认可也不接受的。为缓和彼此间剑拔弩张的关系，任正非又主动要求将思科有所怀疑的十几款路由器撤出了美国市场，以表明自己想大事化小的态度。

思科对此仍然不满，甚至在各个报纸上大肆宣扬，称华为这么做根本就是“此地无银三百两”，如果没有侵权、抄袭行为，为什么这么迅速就撤出了美国市场？还不是因为害怕？

当华为正在准备怎么化解这场危机时，思科一方已经着手起诉华为了。在离开中国前，思科全球副总裁还专门到深圳的政府部门和信息产业部门进行拜访，意欲获得政府相关部门的理解和支持，并明确表露会起诉华为。

在思科公司内部和思科的网页上，“华为威胁论”已经成了铁一般的事实；然而在中国市场上，思科的威胁较之华为的所谓“威胁”却是有过之而无不及。

既然摆在桌面上已经谈不拢，那就只能跨马操刀，准备直面对手了。任正非是个非常低调的人，很少去主动惹别人，但真正有人来惹华为了，任正非也绝对不是个怕事的人。既然如此，华为与思科之间注定要进行一场旷日持久的战役了。

7.3 与思科对簿公堂

2003年年初，思科在美国得克萨斯州东区的联邦法庭正式起诉华为。为彻底击垮华为，夺回自己的霸主地位，思科整整写了77页的法律诉讼文书。在这份诉讼文书中，思科反复强调华为对思科的各种知识产权的侵犯行为，称华为在专利权、版权等方面都给思科造成了巨大的损失，华为需赔偿思科的这些损失。同时，思科还列出华为的各项罪名多达21项。

对于任正非来说，他对这场诉讼其实早有心理准备，但没想到思科的速度会这么快。此时正值中国的传统节日春节，很显然，这个春节华为是别想过了，任正非无奈又幽默地说："这是思科送给华为的一个意外的春节礼物啊！"

幽默归幽默，麻烦来了，还是要积极面对。任正非很清楚，如果此次思科胜诉，华为很可能长时间不能再进入美国市场，之前所有努力的成果都会因此而毁于一旦。不仅华为自己会因为这次官司在美国市场受到影响，整个中国的产品在美国市场上都可能会遭受重创，毕竟华为已经成了中国通信体系中的代表。

在这样巨大的压力下，任正非该如何应对？

大年二十九的晚上，正值举家团圆的时候，任正非在华为内部紧急召开了高层会议，和华为的高层领导一起探讨针对思科起诉的解决方案。大家都很清楚，跨国的知识产权官司是最难打的一种，而且官司还要在美国本土打，所有的一切都要依照美国的法律办，而华为在此之前根本没有任何境外应诉的经验。

翻开思科的诉状，他们对华为的起诉一共包括四项，分别是起诉华为盗用思科IOS源代码、盗用思科技术文件、盗用命令行接口和至少侵犯思科五项专利权。这时有人向任正非“献计”，说不如华为将所有产品的代码都公开，以此证明自己的清白。

此时此刻，才是真正考验一个企业家是不是具有战略智慧和胆识的时候。面对这样的计策，任正非断然拒绝，因为这是个会被美国“双规”的下下策，华为要学古代女子以自杀、自残的行为来标明贞洁，何其愚蠢！虽然此时华为处于被动位置，但绝对不能用这种方式饮鸩止渴。

面对思科这样的对手，任正非很清楚，思科所做的种种都不是为了钱。像思科这样的全球性大企业，是根本不差钱的。思科的真正目的就是要彻底根除“华为威胁”，遏制华为的品牌势力在美国市场上持续发展，以保障思科能在美国市场上一枝独秀的优势地位。说白了就是：华为动了思科的奶酪，思科想夺回来。

多年的摸爬滚打，任正非的心智和胆识早已不再像初入商海时那样战战兢兢了。面对思科的步步紧逼，妥协、退让已不再奏效，既然这样，不如直接一个字——“打”。“敢打才能和，小输就是赢。”任正非说。

的确，“两害相较取其轻”。此时的状况对于华为来说，只有“打”才能将损失降到最低，这也算是另一种胜利吧。华为此前已经将在美国市场的十几款产品下架了，但这个想息事宁人的做法并没有让思科就此停止对华为的讥讽、嘲笑和打压，反而愈演愈烈，将华为告上了法庭！既然这样，华为即便再怎么想要和解、让步，换来的也只会是思科变本加厉的攻势。

面对杀气腾腾的思科，来软的不行了，那就只能硬碰硬了，看最后到底谁硬！

随后，任正非对华为员工进行“约法三章”：第一，运用法律手段维护华为的合法权益，同时实施“以毒攻毒”的防御措施；第二，按照美国人的方式办事，既然要打，就摒弃之前谦虚低调的处事风格，必须以攻为守，以战图存；第三，这场官司涉及的是中、美两家最有名的公司，不可轻视舆论传媒的作用。

紧接着，华为便成立了由郭平、费敏、洪天峰、徐文伟等数位副总裁领导，还有知识产权、数据产品研发、法律、销售、公关等部门也积极参与其中的一支“应诉团队”，在春节前便起程赶往美国。此后不久，曾在俄罗斯战场上获得不菲战绩的李杰、华为内部专门负责国际法律事务的陈树石等人也相继赶往美国。

在2003年3月17日开庭前，思科和华为两大巨头争斗的主战场是庭外的公众舆论。思科仍然从华为涉嫌“侵权”入手，强调华为的多项技术都侵犯了思科的合法权益，要求华为给予思科一定的补偿。而任正非一方则从华为的立场出发，认为华为没有上市，公司正常上税、守法，只需要对客户和员工负责即可。华为从来都不想抛头露面，因此针对外界的各种说法不给予任何解释。

华为一开始以为，最坏的结果也无非就是与思科打个平手，但任正非显然还是低估了思科处理问题的能力。在这场诉讼开始之前，思科早就在舆论上下了大力气——斥资1.5亿美元用于广告设计，意欲在全世界范围内宣传自己的企业文化，重点是在中、美两国的商业媒体上进行大量宣传。

除此之外，思科在美国国内也积极进行各种公关活动，使得美国政府和商界同人都更倾向于本国企业。这个当然无可厚非，但让任正非没想到的是，在这场世纪角逐中，就连中国的一些媒体也站在了思科的一方。

华为的舆论支持力量虽然也不弱，但由于是在海外战场作战，加之在本土战场上没进行什么宣传和舆论拉拢，这也让华为一下子陷入了困境之中。

一直以来，华为的产品在价格上都比较有优势，这本来是有利于客户的好事。然而在这场诉讼中，这一点也被思科拿来大做文章，宣称华为的产品之所以有价格优势，在于核心技术上存在一定的短板和局限，说明华为的技术研发能力根本不够。即使有能力开发出了高科技的产品，也“极有可能”是通过“盗版”来实现的。

在市场上，思科也投入了大量的人力、财力为自己造势。每当华为处于不利态势时，思科的全球新闻发言人就会在第一时间避重就轻地将一些细枝末节公布出来，试图让全世界的人都知道华为是如何因为“理亏”而被思科打得措手不及的。

同时，思科的市场销售人员也通过各种途径宣传思科，试图让所有知道思科和华为的客户都确信思科的合法和华为的非法。有些销售人员甚至公然“提醒”客户：如果用了华为的产品，日后一定会付出高额的代价。

基于以上种种恶性宣传，多数美国企业都相继停止了与华为的合作，甚至欧洲、拉美的一些公司也对与华为的合作持观望态度，有些甚至直接取消了与华为的进一步接触。

思科与华为的这场诉讼，一下子让华为变得无比被动。甚至在诉讼还没有开始，美国的舆论报道也几乎一致认定是华为公司盗取了思科的东西。更可悲的是，就连一部分中国媒体也认同了这一观点。也就是说，这场跨国的知识产权官司在法庭还没有正式介入的情况下，华为就已经被打上了“剽窃者”的标志。

华为几乎无从下手进行反驳，一时间陷入了完败的窘境。

7.4 合纵连横，统一战线

在第一次交锋中，思科获得了暂时的胜利，只是，任正非如果这么轻易就认输，他所领导的华为也不可能有今天的成就。

失败之后，痛定思痛，任正非也开始总结经验教训，怎样才能在困境中寻找到翻身的机会，让华为从对垒思科的阴影中慢慢走出来？

在这起官司发生之前，华为一直采取的都是远离媒体和公众的策略，就像任正非说的那样："对待媒体的态度，我们希望全体员工都要低调，因为我们不是上市公司，所以我们不需要公示社会。我们主要是对政府负责任，对企业的有效运行负责任……"但显然，面对强大的不利于华为的舆论，华为之前的低调做法相当于"作茧自缚"了。

经过一番思索与讨论，逐渐厘清脉络的任正非决定一改之前低调的策略，让华为变被动为主动，不再让思科牵着鼻子走。既然思科想利用舆论力量打倒华为，那么华为也必须站出来反击，积极寻找策略，扭转舆论的针对矛头。

为此，任正非开始为华为构建统一的战略防线。首先就是更换公关公司，此前华为在市场上也有自己的公关公司，但该公司与思科也有业务往来，任正非决定放弃这家公司，重新选择更专业的一家公司。

接到任正非的命令后，郭平马上着手寻找最擅长危机公关的美国海陆律师事务所，并表示愿意出高薪聘请该事务所的法律精英出山，为华为进行辩护。但让郭平失望的是，这些律师同样对华为心存偏见，甚至是持歧视的态度。他们更乐意相信思科，认同思科的说法，认定华为就是侵犯了思科的知识产权。

无奈，华为只好重新聘请另一家知名律师事务所的律师，结果同样令人失望。

为了能让这些顶级律师事务所的律师改变对华为的态度，郭平认为，必须请他们亲自参观一下华为，否则他们是不会相信华为的。

这是华为的经典做法。在开拓市场的时候，华为便经常邀请客户到华为参观，实地了解、考察。这次也是一样，郭平真诚地邀请两家事务所的顶级律师来到华为，详细地向他们讲述了华为的经营策略，带领他们参观华为的研发基地，让他们亲身体验华为的产品和服务。“百闻不如一见”，通过这种方式，这些律师才真正领略到了华为的实力。最终，这些律师也相信华为是没有侵权的。

可是，全世界现在都认定华为侵权，相信思科，华为直接去反驳思科恐怕没什么效果，怎么办？果然是世界顶级律师，他们立刻给华为出主意，要华为紧抓思科诉讼中“私有协议”这个字眼，在这方面下功夫，反击理由就是思科运用“私有协议”在市场上大搞垄断。如此一来，华为在反击思科时就会名正言顺。这不仅好于一味地退守、让步，更好于与思科硬碰硬地对决。

所谓“私有协议”，指的就是“在国际标准组织实现网络互联互通而制定标准和规范之前，某家公司产品先进入市场而形成的标准”。华为这才明白，“私有协议”其实就是一种“非典型”的垄断政策。而思科也正是借助这一政策，才得以在市场上一直保持着高额的销售收入，并总能在与其他公司的竞争中成为获胜的一方。

经过与专业律师的交流，任正非和华为的员工感觉自己又学到了很多东西，同时也意识到，要想战胜更为强大的对手，就必须先学会解除自我封闭的状态，以积极开放的态度迎难而上，才有机会获得最后的胜利。

在美国，垄断属于重罪，而当时美国政府也正在积极呼吁反对垄断。华为在律师的“提点”下，终于找到了思科的“死穴”，开始在思科“私有协议”这个垄断的把柄上做文章，由此向美国政府提起申诉。世界任何一个国家都不允许任何商业公司以绝对垄断的形式存在。经过调查，美国政府也改变了之前对思科的完全信任和支持姿态，对思科先前的行为产生了怀疑。

与此同时，华为的另一拨工作人员也在积极拉拢民间媒体的支持。很快，一家名为Lobby的公司进入了华为的视线，这家公司的法人和股东都是美国的一些退休高官，与美国政府有着密切的联系。如果能获得他们的支持，华为的胜算就更多了一分。

于是，任正非又很快派人接触Lobby公司，并真诚地与Lobby公司探讨有关事项。华为向Lobby公司表明态度：华为的一切举动只为推进国际化战略，而思科才是真正的垄断主体，屡次运用诉讼阻挠华为在美国的正常运营。

美国人不喜欢华为，其实是因为任正非的军人出身和军旅背景，因此他们经常认为华为是一家有“军方背景”的企业。为了打消美国人对华为的这一印象，华为言明，华为公司的一切举动都只是为了推进国际化战略，没有任何行为与军事有关。而思科才是真正的垄断主体，其间屡次运用诉讼等手段阻挠华为在美国的正常运营。

除了争取这家以前退休高官为主体的公司的支持外，华为还积极与一些媒体进行密切的接触，如《华尔街日报》《财富》等，在此期间，华为还把自己公司的经营理念、管理机制、产品研发流程、审计方针等，都全部呈现给媒体的记者们。同时还邀请记者到华为参观访问，以便他们可以了解真正的华为，而不是道听途说地认定华为就是“侵权者”。

辛苦的付出终于换来了回报，随着各项工作的展开，华为在美国的“统一战线”阵营规模越来越大，很多美国人也慢慢改变了对华为的认识。

开庭的日子很快就到了，华为抓紧最后的机会，在律师的引荐下见到了斯坦福大学的教授、数据通信专家Dennis lAllison。华为真诚地邀请Dennis lAllison前往华为公司，参观华为的技术研发流程，同时还请他对思科IOS和华为的VRP平台的两个版本进行对比和分析。结果显示，华为的VRP平台当中只有1.9%的源代码与思科的私有协议有关。也就是说，华为并没有构成所谓的“侵权”。

如此一来，任正非就更有底气了。

3月17日，在双方经过几个月的庭下“对决”后，第一次听证会如期开始了。按照原定计划，华为紧紧围绕思科“私有协议”的问题进行了答辩。

随着此次听证会内容的公开，外界对华为的误解和偏见也开始消除，各媒体的报道也逐渐趋于客观。这一切，都是华为人用自己的实力和不肯认输的毅力换来的，同时也为任正非扭转被动的局面奠定了坚实的基础。

7.5 “世纪之讼”

第一次听证会期间，华为始终拿思科的“私有协议”做文章，并列举了各种反诉材料，与思科展开了激烈的辩论，同时指控“思科的行为除了遏制竞争之外，别无他图”。尽管庭上的大法官们都很偏袒思科，思科一方的律师也极力辩驳，但显然华为已经抓到了对手的软肋。加上华为上下齐心协力，法庭的形势也向着有利于华为的一方转变，原本信心十足的思科反而渐渐转入了防御状态。

接下来，华为突降奇兵：2003年3月20日，一家由3Com公司与华为公司合资的新公司正式成立了。该公司以数据通信产品为主要业务，共同销售通信产品。

当思科的员工和律师听到这个不幸的消息后，差点惊掉了下巴！思科之所以出现这么大的反应，还要从华为的这个友军——3Com说起。

3Com是一家成立于1979年的美国老牌电子公司，主营交换机业务，创建了以太网标准，曾以发达的经营体制和庞大的人力资源规模而闻名于业界。从创立之日起，3Com公司便在世界顶尖工程师和发明者的共同努力下先后拿下了900多项美国专利，同时处于申报状态的专利还有800多项。

在整个20世纪，3Com公司在美国商界都是平步青云，虽然实力略微逊色于思科，但也仅次于思科。进入21世纪后，3Com发展步伐开始加快，在美国通信领域中可谓战绩辉煌。

思科一直都很忌惮3Com的实力，而3Com更是将思科当成最危险的竞争对手。事实上，这两家公司早在1994年就结下了“梁子”。当时，思科总裁钱伯斯运用高超的市场博弈策略，使3Com年轻的CEO在公司的战略决策上出现了重大失误，此后思科便逐渐领先于3Com公司，两者的差距越来越大。

3Com公司对思科自然是不服气的，但凭借自己的实力又不能撼动思科的地位，因此，它急需一个强有力的伙伴与自己联手，一起与思科展开抗衡。恰在这时，华为进入了北美的领域，两家公司便逐渐有了接触。其实在华为与思科出现矛盾之前，3Com与华为之间就已经彼此达成了一些业务上的合作关系。

敌人的敌人往往可以成为朋友，此时面对华为与思科的“斗争”，3Com非常自然地与华为联起手来，双方成立合资公司，一齐面对共同的强大敌人——思科。任正非为自己添了一块重要的筹码。

2003年3月26日，第二次听证会开始。这一次，华为一改之前的防守策略，开始以守为攻，反诉思科的指控令华为公司在美国市场遭受重挫，继而要求思科承担相应的赔偿。同时，律师还向法庭呈交了一系列的反诉材料。

在这次听证会上，华为还请来了3Com公司的CEO克拉夫林。克拉夫林以自己的名誉在法庭上担保：华为的技术和实力是完全值得信赖的。

在法庭之外，克拉夫林还告诉美国媒体说："华为的工程师都具有相当的天赋，我们在宽大的办公室里操纵着最先进的设备和软件，他们还拥有我所见过的最先进的机器人设备。"

作为3Com公司的最高领导，克拉夫林的证词让美国方面不得不重新审视华为这个来自中国的公司，毕竟3Com是美国本土的公司，克拉夫林的证词要比其他任何人的证词更值得信赖。

有了3Com公司的协助，华为在法庭上逐渐占据了上风。经过两次听证会的交锋后，到6月7日，法庭的矛头开始由原来的指向华为转向思科，明确拒绝和驳斥了思科之前提出的"禁止华为使用思科所有路由器的操作软件"及其他一些命令程序的要求。思科一直试图使华为的产品在美国禁售的梦想最终化为泡影。

当然，这并不意味着华为就已经占据有利局面，因为法庭同时也对华为做出了一些限令，比如要求华为"停止使用有争议的路由器软件源代码、操作面及在线帮助文件等"。这样一来，双方相当于只打了个平手。

思科对这样的结果显然是很不满的，为此，思科公司副总裁兼法律顾问马克开始抨击法庭这样的判决是在偏袒华为，"认定了华为对思科专利公然抄袭的特殊性"。马克甚至公开向媒体宣布思科在诉讼中获胜，"这对思科来说是个重大的胜利"。随后，美国的几个大型媒体便直接将思科这场象征性的"胜利"写成了"思科在对华为的知识产品诉讼中获胜"。

不过，整个官司还远没有结束，"私有协议"的问题解决之后，接下来思科和华为双方的源代码是否雷同，就会成为判定华为是否构成侵权的关键所在。而想要凭借这最后一击一举击溃华为的思科，公然地在媒体上信心十足地宣称：“我们期待着首次审查华为的源代码。”

可这次思科又失算了，面对思科的咄咄逼人，华为也不再坐以待毙，不仅对思科所谓华为“侵权”内容中的21项指控进行了有理有据的反驳，暗中也一直在与各方媒体积极沟通。随着双方举证的不断深入，越来越多的媒体对这次官司的报道也逐渐趋于客观。这场“世纪诉讼”的情势也开始朝着越来越有利于华为的方向转变。

就在双方僵持不下的时候，一个戏剧性的事件发生了：思科竟在私下里向华为表露出了想与华为和解的意向。

思科这么做自然有他自己的道理。经过一年多的争斗，思科不仅没能制服华为，将华为赶出北美，更没能撼动华为在北美乃至全世界的根基。倒是思科自己，因为这番折腾，市场销量明显下降。在这种情况下，唯有与华为和解，才不至于两败俱伤，影响自己在北美市场乃至世界市场上的霸主地位。

而对于华为来说，思科这样的对手也很可怕，华为同样无法在短时间内取代思科。因此，当收到思科的和解信息后，任正非立刻调出所聘请的美国律师事务所中的一个，专门负责处理与思科和解的事项。

2003年10月1日，华为和思科的律师均给出答复：双方在源代码问题的比对正式“停止”。第二天，两家公司达成了初步和解的协议。到2004年7月末，双方制定了正式的和解协议。一场吸引了全世界目光的“世纪之讼”，终于在双方各妥协一步的战略下落下了帷幕。

7.6 不熄的战火

从表面上看，华为和思科的这场“战役”似乎没有分出胜负，但在世界各国的媒体看来，华为显然是战略意义上的获胜者。

思科挑起这场官司的本意就是想击垮华为，但很显然，思科失算了。而对于华为来说，虽然这场官司让华为深受折磨，甚至一度陷入困境，但凭借产品研发能力的强劲、“统一战线”的构建，以及不服输的勇气和上下一心的团队力量，华为不但在美国市场上站住了脚，还在全球范围内大大提升了自己品牌的知名度，为自己的产品和信誉赢得了良好的口碑。

在欧美人眼中，思科是世界一流的企业，这样一流的企业选择华为做其对手，显然华为的水平肯定差不了。这种广告效应是华为始料未及的。面对这样的结局，任正非应该是很满意的。据说在这次“战役”之后，困扰了任正非多年的抑郁症不治而愈。

当然，任正非仍然保持着一贯的低调和谦虚，丝毫没有表现出任何的膨胀和自满。而对于在此次“世纪之讼”中立下汗马功劳的华为“大臣们”，任正非也没有丝毫“论功行赏”的行为。当然，这些人也完全认同任正非的做法，对所有媒体的采访要求都一一拒绝了。

华为人的这一表现也正好符合任正非的“英雄观”：“管理层要淡化英雄色彩，实现职业化的流程管理。即使需要一个人去接受鲜花，他也仅仅是代表，而不是真正的英雄。”

不过，虽然官司结束了，但市场上华为与思科的争斗却从未停止。一场官司，不过是两家公司展开较量的信号和序幕而已。通过与思科的争斗，华为在国际市场上声名大噪，很多国家的公司都纷纷要与华为建立合作关系，华为的国际市场销售和业务量呈翻倍增长的状态。这也令一位国际战略咨询家感慨地说：“如果思科有个全球市场的噩梦，那一定是华为。”

的确，通过一番较量，思科再也不能轻视华为这个来自发展中国家的企业。钱伯斯甚至不止一次地强调，思科未来的竞争对手很可能会来自亚洲，尤其是中国。在钱伯斯看来，原有的市场巨头已经不足以成为思科最大的竞争对手，思科最大的竞争对手将会来自以华为为代表的新型企业。

自从与3Com公司联手后，华为在美国市场上的发展顺风顺水，而思科在中国市场却是四处碰壁。思科再也不能凭借原来的“私有协议”在海外市场上大杀四方了。为了拓展市场，思科只能调整战略，甚至不厌其烦地强调自己在技术方面的优势，打出“给客户带来总体价值提升”这样的宣传语。由此也足以看出华为对其造成的压力和打击。

对于华为的强劲发展势头，思科大伤脑筋，而华为不仅在中国的市场上与思科展开激烈的竞争，就是在国际市场上也丝毫不惧思科，这更让思科感到头疼不已。

2007年4月，思科在美国拉斯维加斯召开了合作伙伴大会，为了表示对这次大会的重视，思科CEO钱伯斯亲自出席，并在会上历数了思科未来在世界范围内的新老对手，其中就包括来自中国的华为。

其实在任正非看来，华为并不想与思科成为殊死搏斗的敌人，相反，他倒是很想与思科成为合作伙伴，实现共赢。而美国市场毕竟是思科的本土市场，华为如果不想与思科产生太大的冲突，就得改变之前的发展策略，最终，华为决定转移目标，在不触碰思科利益的前提下，在美国市场重新开疆辟土。

2006年8月，华为将自己研发的Leap网络技术推广到了美国西北部的华盛顿州和爱达荷州，并与这两个州的合作伙伴成功签署了3G网络合同。这也是华为在“世纪之讼”之后在美国市场上取得的第一个成果。

2007年，美国移动运营商Leap Wireless开始接触华为，意欲与华为建立合作关系。华为接受了Leap Wireless的邀约，表示愿意帮助Leap Wireless在华盛顿州、爱达荷州和内华达州等西北部地区广泛部署CDMA3G网络系统。同年的7月11日，华为又与Leap Wireless签订了CDMA2000网络合同，为其全资控股的子公司Cricket Communications（Cricket）及Denali Spectrum（Denali）在美国选定城市来部署CDMA3G网络。

华为在美国市场的发展越来越顺利，由此也带来许多连锁反应。

2008年10月，加拿大第三大无线电信运营商Telus和贝尔（Bell）向华为抛出了橄榄枝，授予华为UMTS/HSPA网络合同签订权。根据这次合同的约定，Telus和Bell两大公司将采用华为第四代基站建设面向HSPA+/LTE演进的下一代无线接入网，并预期在2010年完成整网的交付工作。

华为在美国的步步胜利也吸引了大批人才的加入，大量的美国人才成为华为的中坚力量，华为在美国的雇员也从最初的200多人快速增加到了2008年的五六百人。

然而，企业的发展也像抛物线一样，在经历一个高峰后，接下来就会走向低谷，华为在美国的发展同样如此。虽然华为在美国市场上取得了一定的成果，但由于竞争的加剧及思科危险的存在，华为很快又陷入了窘境。

2007年9月，华为联手国际私募资本贝恩，欲以22亿美元的高价收购3Com公司。根据协议，在收购成功后，贝恩资本将获得3Com超过80%的股权，其余股权归华为收购。同时，华为继续与3Com公司建立商业和战略合作伙伴关系，并持有16.6%的3Com股份。

3Com董事会很快批准了这一收购协议，各方也都期望彼此能迎来一次愉快的合作关系，然而就在这关键的时刻，这一协议遭遇到了“本土势力”的阻挠：美国国会中有多名议员提出，华为这次收购美国的3Com公司将会对美国的国家安全构成严重威胁。之所以这么说，是因为3Com的产品中包含一项入侵检测技术，可帮助客户抵御黑客的入侵，而美国国防部正好就是3Com的主要客户之一。

虽然没有证据证明这一技术一定会对美国的国家安全造成威胁，但美国在国家安全方面一贯的紧张态度，使其必然会极力阻挠这次收购。在美国政府看来，国家的通信安全和网络技术绝不能被“外国人”控制。

最终，这一全球关注的电信领域的并购以失败告终。不仅如此，2008年3月21日，华为与3Com公司的合作也由于种种原因而宣告结束。

虽然这次并购没能成功，但任正非占领美国市场的决心一直都很坚定。2013年5月，任正非在华为内部会议上强调：“我们要敢于超越美国公司，最多就是输……大时代变化太快，华为后发优势已开始体现出来，我们要敢于领先、超越、驾驭这个时代。美国怕（华为）是有道理的，因为它真正了解华为。”

虽然这是几年后的讲话，但在备战美国期间，任正非恐怕早已有了这样的体会，因此虽然与3Com公司的合作失败，任正非仍然积极备战与其他伙伴的合作。

2009年3月，华为在经历了一段时间的低谷后，再度迎来一个新的高峰：华为与美国著名的COX电信运营商达成了合作关系，根据约定，华为将为COX提供端到端的CDMA移动网络解决方案。

这次合作对于华为来说可谓意义非凡，因为这是华为首次打入北美电信运营设备供应市场。通过这次合作，华为也在2009年获得了一笔高达300亿美元的大订单。

从1997年任正非第一次到美国大型公司考察开始，任正非的心中就一直有一个“美国梦”。到2009年，任正非已经带着他的华为在美国市场纵马驰骋。仅仅12年，华为一路披荆斩棘，在这期间，有惊险、有壮举；有挫败，有奇迹；有泪水，更有欢愉……且不说成败多少，所有这一切都标志着任正非所带领的华为在21世纪的第一个十年里已经基本完成了“国际化”的战略。从此以后，华为不再只属于中国，更属于整个世界。华为的路，还有很长。

经历了这场“世纪之讼”，任正非对海外市场的发展也有了更深刻的体会。此次诉讼的胜利，虽然得益于优秀律师的帮助，但更重要的是，“落后就会挨打”这一思想在其中体现得淋漓尽致。任正非由此更加深刻地认识到，只有自己的实力更强了，才能与对手展开更有底气的较量。

在美国，思科多年来之所以能屡屡战胜其他对手，关键就在于其产品技术研发实力的强悍。而华为在经历了此次诉讼后，也证明任正非此前一直不断强调的研发决策是完全正确的。在未来的发展之路上，华为要想立于不败之地，就必须继续巩固产品研发的核心地位，一如倪光南在总结“世纪之讼”时所说的那样：“在信息领域，核心技术、大量的知识产权非常重要。之所以华为的知识产权技术能够站得住脚，就在于我们自己开发了整个软件系统，可以在这个产业中不至于受人压迫，从而赢得最后的胜利。”

第八章 积极变革，迈向巅峰

迈入21世纪后，随着华为的发展步伐越来越快，任正非也感觉到管理华为的过程中面临的问题越来越多：缺乏与企业同步发展的财务体系，员工“吃老本”现象严重，企业决策风险增大……这些问题必然会阻碍华为的全球化发展。因此，在2005—2013年这8年中，任正非花大力气推行了一系列的改革措施。虽然推行的过程十分艰难，但这些措施还是在华为身上产生了显著效果，最终将华为推向了巅峰时刻。

8.1 华为财务转型记

随着全球经济一体化的发展，企业的市场范围也在逐步扩大，尤其是当企业发展成为一家跨国型企业之后，各项管理机制也必须逐步外延。尤其是财务管理制度，在企业不断发展壮大的过程中，也必然应成为企业的一种核心竞争力，逐渐突破生产成本的核算局限，具备面向全世界的前瞻性的预算能力。而且越是想占领国际市场，就越需要精准的财务预算。否则，缺乏稳健的财务管理流程，企业资金周转、所获利润乃至人力资源的配置等，都会受到严重影响。

在2000年之前，与绝大多数中国企业一样，华为的财务部门仍然是独立的，没有参与到公司每项产品的定价和成本核算当中。公司规模小的时候，这种模式尚可应付，然而随着华为的发展规模越来越大，尤其是在向全球化迈进过程中，产品的供应链越来越长，客户差异化也越来越强的时候，这种财务机制就成了制约华为发展的一大阻力。尤其是华为素来重视产品的研发，每年都要在这方面投入大量的资金，虽然产品投放市场后，在竞标中屡屡夺魁，但因为一直没有很好的财务规划，缺乏必要的财务核算，在生产、检测等方面就很容易造成大量的浪费，导致产品成本不断增高。

从2000年起，公司的财务部逐渐参与到公司的成本核算当中。但作为一个世界级的大企业来说，华为这种缺乏前瞻性的预算管理仍然存在着诸多的不足，财务问题也日渐凸显出来。在华为的一份年度报表中，一组数据更显示出了华为的财务危机：2003年，华为的销售利润率还保持在较高的19%，可到了2007年，这一比例已经骤降到7%；2003年的净利润率为14%，2007年就下降到了不到5%。

2007年对于华为可谓是大起大落的一年，一方面，“世纪之讼”结束后，华为已经跻身于美国市场的强势企业行列，并在世界各国屡有捷报传来；可另一方面企业的财务状况却一团糟。任正非也早就发现了这一问题，为此，在一次华为的内部会议上，他忧心忡忡地说：“我们确实在海外拿到了不少大单，可我们竟然不知道这些单子到底赚没赚钱。”

对于华为来说，在海外的扩张步伐越来越快，企业保持着高速营业收入增长的同时，如何提高利润水平已经成了亟待解决的问题。为此，在经过一番深思熟虑后，任正非亲自给IBM的CEO彭明盛写了一封信，希望IBM公司可以协助华为进行财务管理模式的转型。

企业的预算管理一直都是很多国际性大企业所擅长的，比如IBM、思科等。相对于一些中小型企业，这些国际型大企业的财务体系都会参与到公司的整个业务流程当中，并且对未来财务指标的预期都非常准确，比如每个产品的定价、成本核算等，都拥有一整套完善的制度和运作流程，从而确保公司的每一单出去投标后，都可以非常清晰地核算出相应的成本和利润。而这一点，恰恰是中国的企业不具备的。

之所以选择IBM，不仅因为IBM公司与华为一直保持着比较紧密的联系，甚至在华为与思科的“世纪之讼”中还给予了极大的帮助。更重要的是因为任正非认为，作为一家百年老店，IBM公司的财务管理制度非常完善、严谨，全球化运作也最为成熟。

对于任正非的请求，彭明盛毫不犹豫地答应了。2007年7月，任正非派出华为10名财务人员前往美国，到IBM公司展开了为期3天的考察和访问，从而全面了解IBM先进的财务管理系统。在考察和学习过程中，华为的财务骨干真正见识到了一个国际型大企业成熟的财务运作能力，对华为日后的财务转型也有了很大的信心。

考察结束后不久，华为便正式启动了促成财务转型的IFS（集成财务转型）项目。与此同时，IBM公司也将华为升级为其“事业部客户”，而华为也是IBM“事业部客户”当中唯一的一个中国企业。

IBM公司的“事业部客户”在全球共有几十家企业，对这些客户，IBM公司不但会组建一支专门的全球性服务团队，还会为客户提供全方位的定制服务。华为作为其中唯一的一家中国企业，享受IBM这样的服务，由此可见IBM公司对华为的重视，同时也可以看出华为在此次财务转型中的决心和信心。当然，华为也必然为此付出了巨大的资金成本。

在这个过程中，IBM公司不断将自己先进的财务理念提供给华为，而华为也全盘接受IBM的管理理念，并号召企业内部人员积极学习、运用。但由于IFS变革的过程并不轻松，触动面大，许多体系和部门对此感到不满甚至抵触。重重阻力之下，任正非站出来力挺改革，他说：“IFS是公司层面的变革，不是财务体系的变革。如果对变革不适应，应该先削足适履。”

在任正非的坚持下，不到一年的时间，华为在财务管理方面就取得了很大的进展，公司的成本、企业利润、现金流及人均效益等，都开始遵循新的流程而有条不紊地进行着核算。

初见成效，华为人都欢欣鼓舞，但任正非最想要的结果是“脱胎换骨”。2009年年初，任正非继续改组华为的财务组织结构，决定从一年前全面依赖IBM公司转变为“独立自主，自力更生”。

之所以选择“自力更生”，不仅仅在于任正非不想一直依赖别人，更重要的还在于转型后的财务模式虽然有所进步，但仍存在着各种各样问题，制约着华为财务转型的进度。

在学习了IBM的财务管理模式后，华为的财务模式实现了横跨各业务部门的“销售一体化”，企业内部的资源实现了共享和合理配置，经理与客户之间也可以以“一对一”的方式展开有效沟通了。但是，作为一个业务跨度非常广泛的大型企业来说，华为内部沟通的渠道相当复杂，部门之间的协调也不是很流畅，以至于对客户的服务质量有所下降，甚至少数高管之间还出现了钩心斗角的利益斗争。

对于这一切，任正非看在眼里、急在心上，为此，他在文章里还特意表达了自己的担忧：“我们现在的情况是：前方的作战部队只有不到三分之一的时间是用在寻找目标、寻找机会以及将机会转化到结果上，而大量的时间和精力都用在频繁地与后方平台的往返沟通上。可后方应该解决的问题却让前方来协调，结果拖了前方作战部队的后腿……”

为尽快扭转这一局面，任正非亲自上阵，主持财务部门的继续转型工作。原本以业务部门为单位的营销模式，一律改为按照业务范围来进行重组，如此一来，原本统一集中的营销部门宣告解散，重新回归到各自业务部门的子系统当中。

有了这样的改变，到2009年之后，华为的财务管理模式形成了以业务单元为分配标准，销售、产品和服务等各大部门完全结合在一起的“事业部”模式的组织体系和管理结构。

在改组过程中，任正非还参照了美国特种作战部队“三位一体”的分组作战体系，在华为内部，将客户经理、策划专家及交付专家划分到同一个工作小组当中，在客户方面形成了一个牢固的“三强联盟”组织，从而实现了财务管理中分权与集权的明确划分。而对于管理项目，任正非则参照IBM公司的做法，亲自承担财务承续审批的权责。如此一来，公司决策的过程就变得简单明晰了，从而杜绝了公司内部沟通过程中存在的成本浪费问题。

“全球统一的会计核算和审计监督是长江的两道堤坝，只有这两道堤坝足够坚固，财经管理职能才能从容有效地开展。”这是任正非对会计核算、财务管理与审计监控三者关系的形象描述。这一描述非常准确，所有企业集团财务体系建设都适用，甚至可以作为衡量一个公司财务管理是否规范的标准之一。

财务模式的成功转型，改变了华为一贯采取的“集权”管理模式。从这以后，华为更加注重分权管理，任正非本人也意识到，这种权责下放的模式对企业的成长可谓利多弊少。财务转型的成功也开始在华为内部显现出越来越多的优势，2008年，华为的营业利润率又达到了13%，销售额增长也比2007年高出了3.4%，而成本浪费率则从2007年的超过28%下降到当年的不足27%。

2009年，得益于财务转型的成功，华为人均生产效率获得了空前增长，甚至可以与国际知名企业爱立信一决高下了。

8.2 华为股权演变史

对于任何一家企业来说，人才都是企业发展过程中非常重要的一环。企业要想长远发展，除了要为人才构筑实现个人价值的平台外，最重要的是让人才的付出与收获成正比。说得直白些，就是要让优秀的人才在薪资待遇上获得满足，这样才能真正做到人尽其力，企业才能基业长青。

任正非一向都是非常重视人才的，他认为："一个有创造性的人才，可以为公司带来更多的客户。"为挽留人才，他也提出了自己的人才培养原则，就是坚决不能让"雷锋"吃亏，只要付出辛勤和智慧，就一定有所收获。

在任正非看来，现代社会就是一个以知识经济为主导的社会，当知识转化为劳动技能后，它就不仅仅是知识，而变成了一种珍贵的"资本"要素。为此，华为中那些具有知识技能的人才，一旦将自己的知识和技能奉献出来，任正非就一定会给予高薪待遇作为回报。

所以，在华为中有很多“雷锋”员工，大家都知道，自己不会白白奉献，老板一定不会让自己“吃亏”。正是秉持着这种原则，华为留住了大量的人才。

华为的薪资制度不但注重内部的公平，也很注重外部的公平。其中，内部公平是针对员工的付出进行公正的核算，从而保证员工获得相应的回报；外部公平则是以市场因素为前提，对具体问题进行具体分析，从而随时调整，为员工支付相应的报酬。

进入21世纪后，随着人才在企业竞争中的作用越来越大，任正非也更加重视对华为“雷锋”的奖励，并系统地调整、完善了一些相关的制度。其实早在华为创业初期，一方面由于市场拓展和规模扩大需要大量的资金；另一方面又在技术研发上进行了巨资投入，加上当时民营企业的性质，华为出现多次融资困难的情况。在这种情况下，任正非从未想到要去上市，而是优先选择内部融资。这种模式也成为华为股权制度的最初形态。

到2002年，经过一番思考，任正非决定在华为中采取股权激励的方式，鼓励华为人才在各自的岗位上更好地发挥出自己的价值。因此在这一年，华为完成了股权制度“虚拟受限股”的改革，具体来说，就是员工不能再“吃老本”，公司会按照员工的责任和贡献来确定其在企业内的任职资格，再根据任职资格划分其基本工资和绩效奖金。这样一来，员工就不会只靠工龄来等待职称晋级了，只要自己有能力，就有晋升的机会。

除此之外，任正非还宣布，在奖励员工时，还将个人绩效与部门绩效结合在一起，以促进部门内部的团结，同时提高员工的工作积极性。

任正非采取这种全员持股的方式，带来了两个好处：一是减少了公司的现金流风险，且内部融资无须支付利息，降低了财务风险，也不需要向外面的股东支付高额的分红；二是增强了员工的归属感，这种方式等于向员工描述了一幅远景——在未来会有更高的回报，同时还让员工有主人翁意识，责任感和归属感随之而来。

经过这样一番改革，华为员工再也不担心自己的努力得不到回报了。只要是华为的员工，不论是高层领导还是基层工人，只要有贡献，都能获得相应的回报。同时，这也拉大了员工之间的收入差距，以至于华为内部的“末位淘汰制”开始盛行，虽然这种现象让少数业绩平平的员工感受到了巨大的压力，但对于华为的整体发展来说却是利大于弊的。

淘汰一小部分，成就一大部分乃至一个整体，这也反映了任正非所倡导的一个企业发展理念：“通过5%的落后分子，促进全体员工努力向前进。”

也就是这个阶段，华为完成了“农村包围城市”的战略目标。到2000年年底，华为的销售额已经突破了100亿元人民币。

进入21世纪后，员工持股已成为一种国际化趋势，任正非也试图以股权的方式来促进华为的发展，让员工相应地拥有一定的持股率。但与西方的发达国家相比，华为的这一制度还显得很不成熟，总体仍然徘徊在“平均主义”的水平线上：要么少数员工持有极少数的股份，要么持股员工间的股权不是以贡献来作为分配标准，仍然吃着“大锅饭”。在这种情况下，员工的工作积极性必然会受到影响。

任正非也逐渐意识到华为在这方面的问题，为此，他开始想办法扭转“平均股权”的传统制度，鼓励员工通过自己的能力获得更多的股权，同时他也向员工承诺：“只要我们的领地做大，就一定会有你们各自的份额。”

随着全员持股制度的逐步实施，员工开始以1元1股的价格购买华为股票，这也让华为慢慢不再属于任正非一个人，而是属于所有的华为人。这一制度帮助华为度过了多次经济困难和市场危机，同时也大大提高了员工的积极性，使华为的资产逐年翻倍。

后来，国内的一些电信局开始纷纷购买华为的股票，并因此与华为建立起了紧密的合作关系。在这种情况下，华为还与各大电信管理局以合资的形式成立了一家新的控股子公司——华为电气公司。

可是，稳定的局面持续不久，新的变故就出现了。这次变故源于公司内部出现的一次股权之争，由此引发了公司与子公司、总经理与部门主管之间的矛盾。而这些矛盾的源头，恰恰就是华为的控股子公司——华为电气公司。率先发难的，是曾参与万门机软件研发并为其立下汗马功劳的刘平。

2003年，正值华为与思科进行“世纪之讼”的当口，曾为华为主将的刘平一纸诉状，将华为告上了法庭。

刘平是1993年2月进入华为的，从软件工程师、交换业务部副总工程师，一直做到北京研究所所长兼总经理。当然，他也为华为做出了出色的贡献，几乎可以与李一男相提并论。同时他也想和李一男一样，离开华为，通过“内部创业”打出一片属于自己的天下。

2002年年初，刘平宣布辞职，随即拿到了自己在1999年时享有的354万股按1:1比例兑换来的354万现金。但这个数字却让刘平很不满意。

原来，在2001年时，爱默生电气公司就想收购华为电气公司，经过一番商讨，华为与爱默生公司签订协议，最终以65亿元的高价将该公司卖给爱默生。从此，华为电气公司更名为圣安电气。

爱默生电气公司看好华为电气公司，不仅仅在于其产品和经营模式，更看重的是其中的优秀人才及他们的“作战”风格。为得到这批人才，爱默生煞费苦心，最终与华为签订协议，约定华为电气公司的所有员工在4年内必须保持稳定不动。

然而，就在华为清理新的公司——圣安电气的股权过程中，圣安电气的一些员工开始向华为总部提出了股权加价的要求，理由是自己已被转调到其他总部，就应加价兑现，并要求股权分配比率至少要以1∶7为基准。双方经过多次交涉，最终华为答应对这批员工按股权分配1∶4的比例进行分配，并于4年之内逐步兑现。

没想到，这一举措让华为内部的很多员工感到很不平，尤其是刘平。他认为：华为电气的员工脱离了队伍，可享受到1∶4的股权配给，而自己离开华为时却只拿到了按1∶1比例分发的股金。更重要的是，此时华为的注册资本与总资产已经比刚成立时有了数倍提升，如果还按当初的股权增值比例为自己核算，自己就更亏了！

“刘平事件”一石激起千层浪，由于华为在处理股权问题上的确欠妥，结果导致公司内部一些已经“单干”的老员工也纷纷诉诸法律，希望能从华为获得更多的补偿。

不过，由于此案采取的是不公开审理，所以最终结果也成了华为的一个最高机密。但通过这次股权之争，任正非也意识到了华为在股权制度上的巨大缺陷。成立之初的华为内部股权制度，现在已成了华为身上的一个沉重负担。

经过一番深思熟虑后，任正非再次做出了一个重要决定：清理股权。

针对当时华为的发展状况，任正非的这一措施既能避免企业因为业绩不佳而导致内部股挤兑潮，更能将内部股融入资本市场，帮企业转移掉一定的风险。这样一来，任正非就不再担心华为内部一旦有人离职，便会导致公司在资金上出现压力了。

为了负担所有的“清空费用”，任正非在完成股权集资分配任务后，马上开始清理股权，将当年邮电系统职工购买的股权全部按比例兑现，然后重新注册了一家分公司——华为投资控股有限公司，并将员工此前隶属于“华为工会”或“华为技术”的股票全部整合为“华为控股”的股票。通过“华为控股”的平台，“华为技术”的盈利收入和企业的净资产增值也就水到渠成了。

清理股权完成后，华为不但控制住了公司收益减退的情况，身上厚重的外壳也减轻了许多。更重要的是，由于降低了期权额度，缩小了新老员工之间的差距，分配体制更加公平，华为内部员工之间因股权纷争产生的矛盾也大大减少。

2003年9月，任正非又向华为全体员工公布了不少于10亿元的股金管理层收购方案，其中规定：“新员工只需自己出资15%，其余部分由华为以员工的个人名义向银行贷款。”这一方案也减少了华为的控股成本，增强了对新员工的吸引力。之后，任正非又将此次配股的锁定期限规定为3年，即预定好的配股在3年内不能兑现、转让和抵押。

得益于这一股权制度，华为在2004年以后进入了势不可当的发展阶段，而且其在股权回收和控制上取得的成功，也为日后的全面大发展提供了更大的助推力。

2008年，华为又对虚拟股权制进行了适当调整，采取饱和配股制，即规定了员工的配股上限，每个级别达到上限后，员工就不能再参与新的配股。这一规定的出台主要是因为华为的老员工们持股过多，同时它又激励了华为的新员工。

员工持股的制度不但在公司内部发挥了巨大的激励作用，还帮助华为度过了多次“冬天”，支撑了华为连续多年的高速发展。对于融资环境相对较差的民营企业来说，任正非的这一举措可谓一举两得。

截至2016年，华为共有8万多名员工持有公司的股份。作为公司的创始人和掌舵者，任正非仅仅持有公司总股本的1%，这也使他成为全球500强企业创始人中持股比例最少的一个。对于不想当富豪的任正非来说，相较于金钱、权势，他更在意的是如何激励员工的积极性，增强员工的归属感，从而保证华为可以走得更久、更远。

8.3 全球第一的通信设备供应商

国际上有一种公认的企业定律，叫作“马特莱定律”，也叫“二八定律”。这一定律所包含的内容很广泛，但其中有一条叫作“二八营销定律”，意思是说，经营企业的人要抓住20%的重点客户，对这部分客户进行渗透营销，牵一发而动全身。

大多数企业都很推崇这一定律，认为给自己带来80%利润的就是那20%的重点客户。按照这个定律，只要能把这20%的客户拉拢过来，为他们提供优质的服务，对于企业的发展和赢利无疑是最大的帮助。

但是，任正非却不认可“二八定律”，在他看来，任何一个微小的细节和角色，都有可能会决定华为在某一项目上的成败和去留。因此华为在处理客户关系时从来都是一视同仁，既看重财大气粗的大客户，也从不轻视订单量小的普通客户。

为满足不同客户的不同需求，华为也在不断创新。任正非曾说：“用心发现客户的需求，是华为服务的起点；满足客户的需求，是华为服务的目标。”“任何时候，不管是运营商提供网络设备，还是探索一项新的技术、开发一个新的产品，不管是与客户交流、沟通，还是优化内部工作流程，华为总是不断地回到最根本的问题——客户的需求是什么？”

很显然，能创新、能时刻满足客户的高需求，才是一个企业走得更远、活得更久的根本。没有创新，企业要想在高科技行业中活下去几乎是不可能的。

华为是非常注重创新的企业，其创新主要包括技术创新、产品创新、模式创新、制度和组织创新等。早在创业初期，任正非就决定将华为销售收入的10%拿出来用于研发，并将这一规定写入《华为基本法》当中，从而在发展战略和公司的规则制度上进行体现。

“创新会消灭自己，但不创新就会被别人消灭。如果没有创新，不敢冒险，总是跟在别人后面，只能长期处于二三流，我们将无法与跨国公司竞争，也无法获得活下去的权利。”

但是，任正非却十分反对盲目创新，他说：“超前太多的技术，当然也是人类的瑰宝，但必须牺牲自己来完成。IT泡沫破灭的浪潮使世界损失了20万亿美元的财富。从统计分析可以得出，几乎100%的公司并不是技术不先进而死掉的，而是技术先进到别人还没有对它完全认识与认可，以致没人来买，产品卖不出去，可又消耗了大量的人力、物力、财力，丧失了竞争力。许多领导世界潮流的技术，虽然是万米赛跑的领跑者，却不一定是赢家，反而为‘清洗盐碱地’和推广新技术而付出了大量的成本。”因此，任正非“反对盲目的创新，反对为了创新而创新”，倡导“有价值的创新，必须以客户需求为导向，快速响应客户的需求”。

也就是说，华为虽然投入了巨大的成本和人力进行创新，但这种创新首先要遵循一个原则，即要“以客户需求为导向”。“在产品技术创新上，华为要保持技术领先，但只能是领先对手半步，领先三步就会成为‘先烈’的。”

这一策略，也使华为明确地将技术导向战略转向了客户需求导向战略，通过对客户需求进行分析，提出相应的解决方案，再以这些解决方案作为引导，研发出低成本、高增值的产品。否则，闭着眼盲目地在技术上搞创新，试图引领新潮流，就会成为“先烈”。

对此，任正非甚至多次告诫企业员工：“不要为互联网的成功而冲动……别羡慕别人的风光，有互联网冲动的员工，应该踏踏实实地用互联网的方式，优化内部供应交易的电子化，提高工作效率。华为的最低和最高使命都是活下去！从研发的角度讲，要想在最低层面活下去，就得最大限度地发现和创造客户的隐性需求。”

所以，在产品研发方面，华为一直都以客户的需求驱动研发流程，围绕提升客户价值进行技术、产品、解决方案的持续性创新，以便可以快速响应客户的需求。

为了持续地将这个目标进行下去，20多年来，华为坚持将销售收入的10%和企业员工的43%都投入到技术研发当中。2001年，英特尔执行副总裁访问华为，当听说华为的研发人员超过一万人时，吃惊地说：“华为的研发人员，居然比英特尔这个视技术为生命的公司还要多！”

华为的研发人员除了对新老技术兼收并蓄之外，发扬艰苦奋斗的“床垫精神”也是必不可少的。经过全体华为科研人员的努力，截至

2008年，华为共提交了1737项PCT国际专利申请，成为全球申请专利数量第一的企业。

到2013年12月，华为在欧洲的专利数量已经达到7300项。也是在这一年，在我国发明专利授权量排名前十位的企业当中，华为排名第一。

除了全方位为客户服务，拥有自己研发的核心技术外，华为还有一个关键的立身之本，就是华为产品的质量。在质量管理上，华为一直追求“零缺陷”。为了真正实现产品的“零缺陷”，华为甚至用制度来支撑“质量优先”和产品“零缺陷”战略在各个环节的实施和落地。

为了让产品质量达到完美的程度，华为还有一个明确的规定，就是要做业界标杆、质量标杆。如果华为的产品质量和业界标杆之间有了差距，华为必须以每年不低于30%的速度去改进、赶超；即使成了业界标杆，华为也依然每年以20%的改进率去改进质量，以便企业上下形成共同的价值观，将产品质量和用户体验做到极致。

事实上，华为第一次把质量当成核心战略应该是源于2000年的一次质量大会，任正非把这次大会称为“呆死料”大会。会议的直接目的就是将“由于工作不认真、测试不严格、盲目创新造成的大量废料，以及研发、工程技术人员因此而奔赴现场‘救火’的往返机票成箱成盒地包装成特殊的奖品，发给相关产品的负责人”。

在华为处于初级发展阶段时，任正非就曾明确提出要“以客户为中心”。但如何保证实现这个价值观，任正非还没有很好的策略。2000年以后，华为走上了快速发展的关键时期，并有了属于自己的完整的产品体系，逐步向全球化发展迈进。这时，任正非才发现，华为的很多产品质量都达不到客户的要求，导致客户怨声载道。一直践行“以客户为主”的华为人，不得不一次次赶到客户身边，对产品进行及时维护，或干脆把坏的产品换回来，以期通过良好的售后服务留住客户。

但是，产品质量不过关，即使售后服务再好，也是不可能留住客户的。为此，任正非召开了这次大会，深刻地检讨华为的质量问题。在会上，任正非把员工多次往返于客户那里进行售后服务的机票都装裱在相框里，作为那次质量大会的“奖品”分发给相关的产品负责人，以此提醒华为人要时刻将产品的质量当作企业的立身之本。

这次大会也成为华为将产品质量定为核心战略的一个起始点。但要建立完整的质量体系，却是一个非常漫长、曲折的过程。

为了能够系统地提高产品质量，2000年，华为请来IBM公司相关人员，希望IBM公司可以根据华为的实际情况，为华为构建一套集成产品的开发IPD流程和集成供应链ISC体系，以此来优化华为的产品质量管理体系。

此后，华为还将市场开拓的重点转移到日本、韩国等市场。之所以这么做，是因为日本、韩国市场的客户往往会提出许多苛刻的要求，从而刺激华为来倾力于产品质量的提高。在欧美市场，只要产品有一定的达标率就视为合格，被定义为好产品。但相同的产品拿到日本、韩国等国家，往往就通不过质检。尤其在日本客户看来，不管你的产品是百分之一还是千分之一的缺陷，只要有缺陷，就表示这些产品还有改进的空间。

2007年4月，任正非在华为召开了一次产品质量高级研讨会，在会上，任正非和华为各层高级领导以克劳士比的“质量四项基本原则

（质量定义、质量系统、工作标准、质量衡量）”为蓝本，确立了华为的质量原则。这次会议也被称为是华为质量史上的“十三届三中全会”。

优良的产品，全方位的服务，为华为在全球范围内带来了商业成功。在通信设备市场，华为距离全球领先通信设备供应商的目标越来越近。

到2014年4月，华为2013年财报公布，华为在2013年年销售收入达到2390亿元人民币，净利润为210亿元人民币，其销售收入首次超越爱立信，成为全球最大的通信供应商。任正非所率领的华为，也赢来了它的巅峰时刻。

8.4 创立轮值CEO制度

在中国民营企业中，任正非是第一个创立轮值CEO制度的企业家。

2002年，IT泡沫的破灭，使华为差一点因此而崩溃，当时公司内忧外患。2004年，华为邀请美国MEECER咨询公司来为其提供有关决策机制的咨询服务，MEECER公司经过一番研究后，认为华为缺乏中枢机构，因此建议华为建立EMT（经营管理团队联席会议），由任正非担任EMT主席（COO），主持日常办公会。但当时任正非因为身体等原因，没有接受担任EMT主席的建议。

虽然没有成为EMT主席，MEECER的这个提议却给了任正非很大的启发：EMT主席一定只能一个人担任吗？如果让华为的几名高管轮流当，效果会不会更好？

由此，华为开始了轮流当COO的运营模式，由华为的8名高管轮值出任华为的COO，每个人任期为6个月。这是一种利益分配机制，华为不但有物质分享，更有权力分享。它的好处就是，每个轮值者在自己轮值的时间内，既要处理日常事务，又要为高层会议准备起草文件，大大地锻炼了实际管理能力。同时这种方式还削小了管理者的“屁股”，否则就可能得不到别人对他的决议的支持。这样一来，管理者就将自己管辖的部门带入了全局利益的平衡，从而逐渐削平公司的“山头”。

轮值COO的制度在全球企业的治理模式中属于首例，任正非之所以采取这种模式，根本原因还在于权系一身的高风险决策模式阻碍了华为的快速发展。在这之前，华为虽然有董事长孙亚芳，但事实董事长和CEO还是任正非，一些华为的战略与经营等重大决策，基本都由任正非一个人决定，董事会章程和经营决策的EMT会议规程也只是个形式，表决最终权还在任正非这里。

就拿当时华为是否进军小灵通市场来说，几乎所有公司高管都认为应该以委托代加工的方式快速介入，虽然小灵通市场可能不会长久，但如果华为放弃，就会让UT和华为的老对手中兴赚个盆满钵满，华为白白失去了赚钱的机会。如果UT和中兴因此加强了与电信机构的合作关系，加大产品研发的投入，就很可能会追上华为，缩短与华为核心产品的差距。

但是，这一提案多次被任正非否决，华为最终也没有涉足小灵通市场。虽然华为后来在3G市场上开花结果，然而这次决策在一定程度上还是影响了华为那几年的发展，直到两年之后任正非才醒悟过来，赶紧抓住小灵通的尾巴赚了一笔。

2002年，华为出现了发展史上的第一次负增长，这虽然与外部环境有很大关系，但从华为内部来说，决策权完全集于一人之身的体制无疑产生了一定的影响。

随着华为国际化的步伐越来越快，以及全球市场越来越大，企业依然靠一人来进行各项决策无疑会难上加难，判断国内市场尚且会出现失误，更何况是全球市场。

在这种情况下，高瞻远瞩的任正非意识到：一个人决策的效率虽然高，风险却是巨大的，如果这种管理模式不改变，华为将会面临“生命危险”。再加上当时华为的高管层已经形成了依赖领袖的惯性思维，很少会主动去思考企业的一些发展和战略问题，只要领导一下令，自己全力执行就可以了。这也使华为面临一个巨大风险，就是一旦有管理者离开华为，其下面的执行者便乱了套。

事实证明，这种一人决策、万人执行的高度集权模式已经不再适应快速发展的华为，华为必须从个人英雄主义向民主集权制决策模式进行转变。

于是，从2004年起，华为开始实施轮值COO制度。在涉及战略性的重大决策时，仍然由CEO任正非或董事长孙亚芳负责，但涉及一些运营管理的决策问题时，则由COO负责。当时，华为还采取了“1+6”的EMT模式，也就是说，在除任正非这个“1”之外的其他6个人，每人负责担任半年的COO，由任正非负责把守最后一道关隘。

经过8年的轮值COO制度，华为内部各方面的矛盾逐渐淡化，公司效益得以均匀增长。2011年，任正非又在轮值COO制度的基础上进行演变，在董事会的领导下开始实施轮值CEO的制度，由华为董事会的三位高管郭平、胡厚崑和徐直军轮流担任CEO一职。轮值CEO同样是每6个月轮换一次，轮到谁当值，这期间谁就是华为的最高行政长官，把握着公司的整体运营。

当然，轮值CEO制度也不是简单的“轮流当政”，轮到谁谁说的算就行了，其背后实际上是一个高度严密的决策机制。整个团队必须具有统一的价值观，然后在拥有任正非这个权威的前提下来进行轮值。所以一旦董事会经过讨论后形成决议，当值的CEO就必须严格遵从。在任正非看来，这种轮值CEO制度既是一种尝试，也是一种职责与权力的组织安排，因此他经常对员工说：“就算不成功，也是为后人探路了，我们也无愧无悔。”

经过几年的实践，轮值CEO制度的效果十分显著，华为的经营业绩保持稳定、高速增长。而其中最大的成效，就是在决策体系上形成了一种动态的平衡：上一轮CEO可能偏于激进，整个公司每天都是战车隆隆，那么6个月后可能就会是偏稳健些的人上来掌舵，将前一任的速度适当放缓一些；而过于缓慢又可能会影响企业的发展，那么6个月后又换了CEO，风格也许是非左非右、非激进非保守，从而让企业始终保持着一种比较均匀的发展步伐。

相对于传统的管理模式来说，华为的轮值CEO制度可谓一个划时代的颠覆性创新，有史以来也是人类商业管理史上的第一例。这种制度从体制上制约了一人做大的发展模式，为企业招揽、积累了很多来自世界各地的杰出人才。同时，这种创新体制也令整个企业的决策过程越来越趋于科学化、民主化。

2018年，在华为董事会换届之后，任正非又提出了以轮值董事长的制度代替原来的轮值CEO制度，但仍然延续之前的集体管理模式。在任正非看来，轮值董事长制度可以在一定程度上避免传统的CEO制度中将公司命运系于一人的状况。总体来说，这仍然是“轮值”制度的延续。

在轮值制度上，华为成为第一个“吃螃蟹的人”，从华为的整体发展来说，这一制度解决了企业未来可持续发展的领航问题。随着这一制度的逐渐完善，越来越多的企业也开始慢慢尝试。2017年1月，德邦物流宣布启动轮值CEO制度；同年11月，阿里大文娱开始实行轮值总裁制；2018年，京东也宣布实施轮值CEO制度……这些大企业紧跟在华为身后，也在勇敢地体验这种制度的可行性和优越性，从而使这种轮值制度逐渐成为企业成长和发展的一种有效助力。

第九章 抓住机遇，放眼未来

始终居安思危、未雨绸缪的任正非，一路低调地造就了华为的传奇。而伴随着科技的飞速发展，数字化技术水平终将会决定企业、社会乃至国家的未来竞争力，这是全球范围内所有人的共识。借助于互联网、云计算、物联网、大数据等信息技术，提高各个行业、企业的信息化和智能化水平，以及使实体产业、实体经济构建面向未来的竞争力，正在逐渐成为世界各国的国家战略。面对这种飞速发展的行业趋势，任正非从未放弃对危机的正视、对未来的思考：作为在全球信息与通信行业处于领先地位的华为，要如何才能抓住当前的机遇，开始一段新的征程？

9.1 化“云”为“雨”的转型

近几年，“云来了”已经成为业界的共识，云计算正在逐渐打破传统的技术局限，越来越多的行业开始对“云”技术进行积极的探索和尝试。为此，华为也积极推出了云数据中心解决方案，力图为客户提供全方位的服务，成为企业IT基础设施云架构的倡导者和领导者。

那么，到底什么是“云计算”？

在现在科技领域中，“云计算”属于一种新兴的科技。它是通过脱离和超越传统的数据中心，辅之以必要的电脑装备和服务器设施，最终使技术与市场实现进一步的结合。

“云计算”的使用主体很广泛，既可以是单个的消费者，也可以是企业整体。通过“云端”这个平台，“云计算”会将一个终端设备连接到“云端”供应商的体系之内。在实现“云计算”的业务处理后，客户就可以直接获得广泛的信息服务，如软件应用、技术应用、大数据核算等。

“云计算”的出现和使用，给人类社会带来的巨大变革将不亚于互联网，它甚至可以将现代信息产业引领进入一个崭新的时代。有人称这将是“第三次IT技术革命”，有着非同寻常的历史意义。

华为自然也认识到了“云计算”的强大功能，对此，任正非明确指出：“面对全球数字化转型的浪潮，所有企业都希望成为一个数字化的企业，实现数字化运营。华为将拥抱云、融入云，通过有竞争力的产品、开放的架构和API，构筑开放多样的云生态，加速数字转型，为合作伙伴提供便利。”

基于任正非的这一目标，早在2008年时，华为就开始布局云计算了。这个时期，国外的许多企业也开始引入云计算技术，不惜投入巨资研发这一技术，以期站在时代的最前沿。比如IBM公司、思科、亚马逊、谷歌等，都试图抓住这一技术的第一控制权。

为尽快赶超这些国际巨头，2010年11月，华为在北京向全球发布云计算战略及端到端的解决方案，并正式启动“云帆计划”，向云计算领域进军。同时，任正非还信心满满地表示：“在云平台上，华为要在不太长的时间里赶上、超越思科，在云业务上要努力追赶谷歌，让全世界所有人都能像用电一样，享用信息的应用与服务。”

是什么样的底气，让任正非能断言华为在云平台上“要在不太长的时间里赶上、超越思科”，在云业务上追赶谷歌呢？究其原因，是基于现在的基础去进行创新研发的。

在发布会上，任正非讲道：“华为长期坚持的战略，是基于‘鲜花插在牛粪上’的战略，从不离开传统去盲目创新，而是基于原有的存在去开放、去创新。鲜花长好后，又成为新的牛粪，我们永远基于存在的基础去创新。在云平台的前进过程中，我们一直强调鲜花要插在牛粪上，绑定电信运营商去创新，否则我们的云就不能生存……我们做的云，电信运营商马上就能用，容易促进它的成熟。”

为保证云计算能在与众多国际巨头的竞争中占据领先地位，华为也开始花费巨资建立专业的研发队伍，以期在云技术上进行最符合客户要求的创新。2011年年初，华为便开始大规模招收人才。到2012年年底，有将近3万人进入华为，开始为华为的云计算技术发力。

除了扩大人才资源规模外，在“新型战略据点”的构建上，任正非也花费了大量的精力。在国外市场，华为以美国为战场，其次为欧洲，逐步加强研发力度，以此拓展华为在云计算领域的国际视野。同时，在2011年时，华为又与加拿大移动运营商Telus公司、贝尔公司联手，专门针对云计算技术成立了联合创新中心，力图一举拿下云计算的“领跑权”。

为了能走在云计算的最前端，任正非不惜一掷千金，但他也有自己的打算：“如今的华为，已经走到了通信行业的前沿，要决定下一步怎么走是十分艰难的。以前，我们靠西方公司领路，现在我们也要参与领路了。我们要像西方公司那样，努力对世界做出贡献。”

2012年，“世界末日”论风靡世界，任正非虽然不相信什么世界末日，但在看了电影《2012》后仍然深有感触。未雨绸缪的任正非很快就有了大动作，2012年5月，任正非再次投入巨资，招聘国内外大批云计算研究专家，准备建立一座属于华为的“诺亚方舟”。

两个月后，实验室筹备工作基本完成，任正非来到实验室，与实验室的工作人员召开座谈会。会上，他向众人明确提出了自己对华为未来的发展规划："'诺亚方舟实验室'要面对信息洪流的冲击，解决信息收集、处理、挖掘和分析等多方面的挑战，构筑华为技术优势，成为ICI领域的领先者，要超越护航，要有新思想、新理论产生，要为华为找到信息洪流中的'诺亚方舟'。"

在技术研发过程中，任正非还提出了"开放、合作、共赢"的理念，与西方的发达国家积极结盟，共同致力于开创"新IT产业革命时代"，杜绝"关门造车"的经营思维。

经过两年多的准备，2014年7月，华为正式发布云计算发展战略，将目光聚焦到面向未来的云计算数据中心解决方案，其中包括服务器、数据存储、数据中心网络、云操作系统及云管理等基础产品建设上。同时，华为也加快了市场拓展的步伐。

事实上，华为在ICT行业的成长和发展也决定着华为的未来。2016年6月，全国科技创新大会召开，在会上，任正非提出了华为未来的发展展望：到2020年，华为销售收入要超过1500亿美元。在2015年，华为的销售收入为608亿美元，这就意味着，华为要在未来5年内实现900亿美元的增长。若这一展望真能成为现实，那么华为的发展步伐和增长速度将再次令世人瞩目。

2016年8月，华为在上海世博中心举办了华为史上规模最大的一次面向ICT行业的全球生态大会——华为全联结大会。会上，华为轮值CEO胡厚崑提出了"云2.0时代，行业云将兴起"的云发展方向，同时还为华为布局了更为落地的"化云为雨"ICT战略。胡厚崑指出，这是ICT行业、云未来发展的创新式思考，也是华为与各个产业实现"云共赢"的基础所在。

事实上，在过去的10年中，亚马逊、谷歌、滴滴等，纷纷开创了快捷创新、体验良好、成本低廉的“云1.0时代”，并利用云技术、云构架实现了资源共享，利用移动互联技术更好地联结客户，为客户提供更便捷、优质的服务。哪怕是在酒店、出租车等传统的行业当中，也开拓出了颠覆性的商业模式。

下一个10年，世界即将迈入“云2.0时代”，各个企业将成为“云化”的主角，各行各业都将在“云”中成长。因此，未来的云计算业务增长速度也将超越其他业务。而帮助更多的企业探求最适合的云化解决方案，也将成为华为在“云2.0时代”的主要发展方向。华为的定位，就是要通过转型，成为智能社会的使能者和推动者。

华为能否达到这一目标？在任正非看来，云计算已经发展多年，与早年的“高耸云端”相比，如今的云计算已经渐渐能被感知、被触摸。不过，光有感知和触摸是远远不够的，在未来的“云2.0时代”，华为更需要及时“化云为雨”，使云业务能够真实地为社会创造出价值。而且要实现这个目标，不但要敢于设想，更要实现小步快跑。

在智能社会，企业是云化的主角，而一向坚持“以客户为中心”的华为，仍然会在深度了解客户需要的基础上，再利用创新的技术去匹配、去联合。

可以说，“化云为雨”不但是华为的努力目标，同样是全行业的努力方向。在未来的“云2.0时代”，任何企业也只有脚踏实地，从观念、人才、战略上切实发力，才能推动智能社会的快速发展。

9.2 为“中国质量”代言

2016年3月29日，这是华为史上一个值得纪念的日子。这一天，在人民大会堂举办的第二届“中国质量奖”颁奖典礼上，科技“领跑者”华为摘得本届“中国质量奖”制造领域第一名。这是国家质量领域的最高荣誉，而此次华为能够获奖也确实是实至名归，这也意味着中国企业的产品研发能力已经实现了历史性的蜕变。曾经被西方社会嘲笑是“山寨大国”“世界加工工厂”的中国印象，此后将被彻底改写。

之所以能获得这样的“战绩”，是因为华为在2015年的市场占有率首次超越了通信界的霸主——美国苹果公司。要知道，曾经的苹果公司可是需要华为仰视的国际巨头。所以，尽管这次胜利不是彻底的胜利，也不意味着中国企业就站在了科技界的顶端，但同样是一次突破，仍然有着里程碑式的意义。

一直以来，中国都是“山寨”产品的代名词，“山寨”产品在国内市场上风行一时，在取得规模和数量上的双重成就的同时，中国制造业在质量上始终都停滞不前。正因为如此，经济体量已居于世界第二位的中国只能扮演“世界加工厂”“制造大国”的角色，而不是“世界工厂”和“制造强国”。

向来强调“中华有为”的任正非，自然对这种现象感到十分痛心，为此，提升产品质量也成为华为不懈的追求目标。任正非很推崇日本的工匠精神，并以“工匠精神”重新定义中国制造。他始终认为产品品质才是企业的脸面和根本，只有精工细作的品质才能树立起良好的品牌形象。

在任正非看来，“工匠精神”实际上是一种修行，更是一种品质、一种价值的坚守。以工匠精神来制造产品，企业可能会很辛苦，完全要靠内心的信仰和信念，但这个过程的痛苦同样是一种享受。因此，任正非说：“‘工匠精神’的核心不仅仅是把工作当成赚钱的工具，而且是树立一种对工作的执着，对所做事情和生产的产品精益求精、精雕细琢的精神。在众多日本企业中，‘工匠精神’在企业上下形成了一种文化与思想上的共同价值观，并由此培育出企业的内生动力。”

其实，在华为创立之初，任正非就坚持以质量立命、以品质代言，崇尚工匠精神。这一点可以从华为的手机上一窥究竟。

在产品生产过程中，任正非也一直要求华为做到“质量好、服务好、运作成本低、优先满足客户”，甚至要求华为的产品要做到“零缺陷”。对此，任正非的解释是：“什么是零缺陷？其实就是一个人的工作态度，要做到每个人都不给下游倒脏水，要从上游就把脏水净化好。”

从华为进入电信市场开始，面对的竞争对手一直都是国际一流的大企业，如朗讯、北电、思科等。这些企业拥有高端的技术设备和先进的管理经验，要想马上在产品技术上压过它们是不可能的。在这种情况下，只有在价格或服务方面入手。

最开始时，华为在程控交换机市场采取低价促销的策略。然而随着市场的进一步发展，低价策略显得越来越力不从心。在激烈的市场竞争中，如果除了低价外没有其他办法抓住客户的心，很快就会被市场淘汰。

为此，华为提出了新的经营策略，就是为客户提供长期连贯的客户化解决方案，强调从最初的“客户服务”到“客户满意”。这一策略也成为华为从竞争中获胜的关键所在。

但是，如果产品质量不行，即使服务再“长期连贯”，也难以做到让“客户满意”。产品要赢得客户，最终靠的还是过硬的质量。虽然华为一直在进步，但任正非也很清楚，与国外大企业，如IBM、苹果等公司的销售额相比，华为还有很大的差距，而最大的差距点就在于华为产品的稳定性不及这些国外大公司的产品。

一位华为客户曾经说：“我们也不希望你们天天过来，你们过来越少越好，这说明你们的产品稳定性好。如果你们产品的稳定性差，你们天天过来，我们也是不满意的。如果你们过来与我们交流、打打球，我们是欢迎的，但因为产品不过关，你们天天过来服务我，我们是不欢迎的。”

可见，要真正做到让客户满意，产品就必须具有很好的稳定性。只有这样，销售成本才能降低，华为才能获取更高的利润。

在这一点上，华为还面临一个巨大的挑战，就是：他们不光要做好自己，还要联合整个价值链上所有的供应商一起将质量做好。任正非一向主张优质优价，拒绝低质低价，如果供应商产品好，哪怕出更高的价格，华为也愿意购买它们的元器件。对此，任正非的态度是：“我们不关注供应商来自哪个国家，但必须达到我们的质量标准。高质量可以获得更多份额，华为要成为ITC业界高质量的代名词，需要和供应商一起扛起这杆大旗。华为更愿意选择那些能与华为深化协同、将质量资源投入华为的合作伙伴。”华为就是要将“工匠精神”体现得淋漓尽致，以为“中国质量”代言。

同时，任正非对产品的生长制造环节也相当重视，他认为这也是公司产品能否达到技术先进、服务优秀、质量可靠的先决条件。在早些时候，他说过：“生产系统目前的管理还处于一个很不成熟、非常幼稚的阶段。在这一点上，我认为生产系统下一个阶段最重要的工作就是不断苦练基本功。我们可以把那些插件能手放在一条生产线上去，把这条生产线的定额定下来，不怕他们超额，不怕给他们高薪水，就是为了给其他人树立一个榜样。要把一些认真负责的能工巧匠的薪水提起来。但是，也不要一提‘比武’就比速度，我认为不要忽视质量，要遵守规章。”

经过多年的发展与规范，现在的华为已经成了业界的标杆，但任正非仍然强制性地要求华为每年以20%的改进率促进产品质量的改进和优化，以此给员工培养一种追求极致体验的精神，并在企业上下达成一致的价值理念。不管是完善制度还是构建文化，任正非都只有一个口号，就是：“将质量进行到底！”

而华为的“质量革命”，最终也收获到了累累硕果。

但在2016年3月29日这个获得特殊荣誉的日子中，华为人还透露了一段不为人知的内幕：在2015年的一次产品运输途中，由于货车轮胎不慎着火，导致货品柜中的手机遭到了高温烘烤。经过技术人员检测，确定有98%以上的手机并无大碍，可以继续发给客户。即使是那部分受影响不到2%的手机，也仍然可以正常使用，只不过可能在用过一两年后会出现问题。然而，恪守“零缺陷”产品规则的任正非，还是毫不犹豫地下令将这批价值2000多万元的手机产品全部销毁。手机屏幕、机身等，全部碾碎成为废料；为防止元器件再流入市场，也都全部销毁。见证销毁现场的人，都纷纷感叹，心疼不已！

华为对产品质量精益求精的态度和追求，就像在荣获“中国质量奖”的获奖感言中华为消费者业务CEO余承东所说的那样：“28年来，华为一再强调要有战略耐性，要耐得住寂寞，扎扎实实地把质量做好。要像长跑一样，坚持在注重质量这条道路上走下去……华为视质量为企业的自尊和生命，华为一直坚持以‘质量为企业的生命’，努力提高产品质量和服务质量，赢得客户的信任，也构筑了今天的成功。”

由此可见，“以客户为中心”的“工匠精神”是华为不可动摇的执念，正如任正非所说，“世界再嘈杂，匠人的内心绝对是安静的、安定的。”尤其在互联网时代和产能过剩的当下，中国制造企业更需要专业、专注、精益求精的工匠精神，制造业必须放下功利心、投机心，专心将产品做好。而华为经过多年的努力摘取的“中国质量奖”，也正是任正非推崇的“工匠精神”的最好体现。

9.3 构筑开放合作共赢平台

针对快速发展的电信运营数字化转型浪潮，实施网络虚拟化、IT云化基础设施转型和数字商业战略已经成为全球性的发展趋势。越来越多的通信企业也将关注的重点放在转型的具体策略上面。然而在这个过程中，电信运营商也面临着成本增加、技术要求高等方面的压力，转型并不那么容易实现，这就迫切地需要跨IT与CT、端到端的全环节一站式管理服务，从而协助数字化转型的完美实现。

在这种市场需求之下，在云2.0时代，就需要运营商将服务从管道扩展到云端，从原来的面向消费者扩展到面向产业应用，成为云服务的提供商。同时，面向企业级客户的共有云服务，也会在运营商的业务构成中保持着稳步增长趋势，但是，随之而来的竞争也将异常激烈。

对于电信运营商来说，怎样拥抱云，继而为企业级客户提供最适合的云服务，也将成为云2.0时代实现商业成功的关键所在。对此，任正非提出，运营商在推动云转型的过程中，一定要注意三点：

第一，要牢牢把控技术发展的趋势，统筹演进的同时要兼顾重点。

第二，要注意构建多方共赢的生态平台，只有产业链上下游共同努力，才能构建一个可靠、稳定、容易维护的能力平台。

第三，要充分保障信息安全，重构管理体系。

事实上，华为携手各电信运营商已经在公有云市场上展开了一系列的尝试。比如，与德国电信携手，面向奔驰、宝马、蒂森克虏伯，以及欧洲核能委员会等大型企业和机构，在之前为这些企业提供通信服务的基础上，再逐步从IT转售、IT代维等做起，逐渐扩展到公有云服务。针对客户的诉求，德国电信公有云的优势更加明显，具备简单、安全和负担得起三个优点，与以亚马逊为代表的互联网企业的云服务有着显著的区别。

对于这些尝试，任正非认为，首先在操作简单上，华为的公有云服务有别于企业级客户需要主动去适应亚马逊的云服务，因为华为与德国电信合作提供的云服务是主动适配客户需求的，可以帮助客户将传统应用简单、快捷地迁移到云上；其次在安全性上，华为与德国电信针对欧洲本土的法律法规要求，开发出了许多新的功能，以此来保护客户的信息和数据安全；在负担得起这方面，并不仅仅指服务费用比较低廉，更包括时间成本、维护成本等，华为联合德国电信为云服务的开通提供了十分便捷的流程，从而让企业在享受云服务各项技术和优势的同时，又能减少时间成本、维护成本等。

在企业业务领域，华为坚持“被集成”战略，以云计算、敏捷网络、平安城市、金融eLT等解决方案为核心，建立了广泛的生态圈。从TAC支持备件支持，从销售支持到技术运营支持，从员工能力培养到工具开发，华为一直在积极提高合作伙伴的合作效率，降低合作伙伴的成本。

同时，华为还结合产业链状，围绕合作伙伴关心的货期、订单可视化、包装、物流、供应规则等方面，进行了专题的改进，还与合作伙伴之间就怎样在产业链上加强深度协作、持续创新等达成了一致意见。

针对利益分配问题，任正非在强调“以客户为中心”的基础上，还提出了“深淘滩，低作堰”的策略。2009年，任正非去成都出差期间，特地游览了都江堰。其间结合李冰父子治水的故事，任正非得出了很多管理上的启示，于是写了一篇名为《深淘滩，低作堰》的文章。

在该文中，任正非明确指出：“我们还是‘深淘滩，低作堰’，就是我们不想赚很多的钱，但我们也不能总亏钱；低作堰嘛，我们有薄薄的利润，多余的水留给客户与供应链。将来的竞争就是一条产业链与一条产业链的竞争，从上游到下游的产业链整体强健，就是华为的生存之本……这样我就能保存生存能力，你只要活到最后，你一定是最厉害，因为你每次合作的时候都要跟强手竞争，留着活下来的都是蛟龙……”所以，“我们要保持‘深淘滩，低作堰’的态度，多把困难留给自己，多把利益让给别人。多栽花，少栽刺。多些朋友，少些‘敌人’。团结越来越多的人一起做事，实现共赢，而不是一家独秀。”以这种态度不断挖掘内部潜力，以降低成本和提高解决方案的价值，同时让利给客户，善待产业链合作伙伴，从而促进自身产业链的健康发展。

在授权产品方面，从2013年起，华为便推出了优选CSP计划，一共完成了300多个项目的交付。在可持续发展方面，华为还通过在铁路行业的试点，推出了Co-Care联合服务，使华为与合作伙伴的各自服务优势都有效地结合起来，直接面对用户需求，从而更好地为客户提供全方位的服务。

不仅如此，华为还积极参与各国ICT产业的政策讨论，以期与各国ICT产业一起创造一个公平、合理的政策平台，平衡投资者与消费者之间的利益诉求，推动行业的良性发展。而且华为还利用自身不断创新的技术和解决方案，努力配合所在国政府的ICT发展战略，促进当地的社会和经济发展。

随着移动互联网业务的普及，越来越多的人开始与手机越来越近，与运营商的关系越来越远，导致运营商成了管道。为了帮运营商找到新的增长点，成为数字化转型的带头人，2016年，华为举办了数字化转型峰会，在会上积极讨论5G、4.5G、LOT等问题。针对当时的状况，任正非指出："把池塘里的水抽干，得到了鱼，这是涸泽而渔。华为为了自己有鱼吃，让大家也有鱼吃，选择了另一种方式——放水养鱼。至于把水生态做起来了，才能有吃不完的鱼。"

运营商的不利局面，在任正非眼中恰恰是巨大的商机。因此在此次数字化转型峰会上，华为也第一次提出了运营商数字化转型的五大发展方向，并发布了4.5G、LOT及2K/4K视频等一系列具有创新意义的解决方案，一下子便成了业界关注的焦点。

为了帮运营商尽快实现转型，华为主动帮运营商出谋划策，帮助运营商在业务、网络乃至整个经营方面进行重新建构。而且在姿态上，华为也一直持开放态度，对此，任正非的观点是："'开放、合作、共赢'乃产业大势，IT行业分工越来越细，产业链上的企业只有各自发挥优势，才能做到小河有水大河满。大家只有往同一个方向走，才能将蛋糕做大。”

数字化转型不仅仅是电信业的机遇，同时也是各行各业进行变革的推动力。作为业界的领跑者，华为已经在2K/4K视频领域建立了开放的平台，实现内容的聚合，从而实现业务上的创新。那么，华为的这种生态方式，会不会导致新的割裂？

对于大家比较担忧的这一点，任正非认为，外界的担忧其实是没必要的，华为的开放并不是简单的喊口号，也不是拉帮结派，而是身体力行，致力于推动产业的合理发展。华为上不碰企业应用，下不碰客户数据，这也就给伙伴吃了一颗定心丸。

华为对自己的边界有着非常清晰的界定，比如，华为会选择在服务和系统集成领域，选用竞争对手的产品，以确保与竞争对手的产品相联相通。在这种情况下，华为也只有搭建起开放共赢的平台，才能让客户有更多的选择自由。

总之，华为的开放姿态并不是做给别人看的，而是实实在在的全方位开放，在构建行业生态环境的同时，更着重强调对整个产业的贡献。在这个过程中，华为不仅与没有竞争关系的伙伴积极建立合作关系，对于有竞争关系的伙伴，也会努力建立合作、共赢的关系，以期推动整个行业的良性发展。这不仅仅是任正非所期望的，更是作为行业领跑者的华为最终的发展方向。

9.4 全力构建ICT生态体系

伴随着ICT技术的发展与进步，企业全球化、跨界竞争日益加剧，数字化转型已成为政府和企业提升核心竞争力的核心手段。对于以服务为核心优势的华为来说，这样的机遇更是不可错失。

早在2012年时，任正非就提出了“生态圈”的概念。在任正非看来，与传统的点对点渠道相比，华为合作伙伴生态圈更强调的是体系中各方面的相关性，从而可以使彼此间的合作更加紧密，分工更加明确、具体。这一概念的提出，既是ICT发展的必然需求，也是华为在新时期的一种战略决策。

任正非认为，在新的发展时期，华为应致力于构建一个开放和谐的生态体系，既可以帮助广大合作伙伴实现资源共享和能力互通，又能通过彼此的协作打造出更多具有创新性和竞争力的行业解决方案，从而为客户创造出最优的价值。

正因为任正非的战略构想及华为的这种执着精神，很快，华为就在

ICT市场上与合作伙伴一起创造出了不凡的佳绩。到2015年，华为企业BG中国区的合作伙伴数量已经突破5000家，来自合作伙伴的业务收入也占据企业总收入的80%以上。

尽管华为的企业业务已经实现合作伙伴的数量和质量上的双赢，但华为并未就此止步，而是一直努力关注更多的合作伙伴，以期与更多优秀的企业建立合作关系。

2016年，华为又开始着力进行四个专业合作体系的建设，其中包括解决方案生态体系、智慧城市合作生态体系、云上生态体系和分销生态体系。通过这四大生态体系的构建，华为也为不同的合作伙伴指明了发展方向。

首先，在构建解决方案生态体系方面，华为已在2016年着手建立了分层分级的ISV（独立软件开发商）架构体系，同时还投入了大量的人力、物力、财力，以打造一个全方位的技术支持、市场支持和强大的创新研发与展示平台，从而保证ISV可以全力聚焦业务创新，不必再为与华为产品能力的集成开发而担心。

其次，在构架智能城市合作生态体系方面，华为也将采用“被集成”战略，与一些具备投资融资、总集、运营等业务能力的合作伙伴密切配合，一起来开拓更加广阔的市场，从而继续专注于ICT基础设施的建设。

再次，在构建云上生态体系方面，华为将致力于与众多合作伙伴一起打造云上生态平台系统。为保证平台系统的全力运营，华为还推出了云服务渠道政策。而且任正非还积极承诺：华为保证上不碰应用，下不碰数据，保证应用与数据的安全性，聚焦管道、基础设施的策略。从中也可以看出，对于众多合作伙伴来说，参与到华为的云计算生态圈当中，也会获得更多的发展机会。

最后，在分销生态体系方面，华为也在不断发力。自从2016年以来，华为便着力打造更为健康的分销业务生态环境，总共建成了8条分销产品线，并对每条产品线都进行了分类授权。而且随着分销合作伙伴数量的增加，在渠道报备、自主订单交付等方面，华为也逐渐形成了更为灵活和完善的机制，从而保证分销商可以更加准确、清晰地认识到业务重点和各项竞争策略，以便分销商可以根据自己的特点和优势来选择更适合自己的采购计划。

虽然以上四大生态体系于华为、于合作客户都有诸多好处，但有一点是绝对不能忽略的，就是创新，这也是发展四大生态体系的关键所在。否则，华为就没办法保证自己的产品和解决方案成为业界标杆，并时刻满足客户的匹配和需求。基于此，任正非也多次在内部会议中告诫华为人："信息产业进步很快。昨天的优势，今天可能全部报废，天天都在发生技术革命。在新问题面前，小公司不明白，大公司也不明白，大家都是平等的。华为知道自己实力不足，不是全方位地追赶，而是紧紧围绕核心网络技术的进步，投入全部的力量；又紧紧抓住核心网络中软件与硬件的关键中的关键，形成自己的核心技术。在开放合作的基础上，不断强化自己在核心领域中的领先地位。"

为此，一直倡导技术创新的任正非，此次仍然像以往一样，在创新领域投入大量人力、财力，以期为合作伙伴提供多方面的技术和产品支持。

为了实现共赢的目标，华为先后在北京、苏州、深圳、成都等一线城市建立了技术研发实验室，甚至在海外也有相应的实验室，并且这些实验室都是向合作伙伴开放的，以集合集体的力量，基于华为ICT的基础设施进行合作创新。任正非指出，华为这样做的目的，就是要使合作伙伴对于行业的理解和需求可以植入到华为的解决方案当中，从而一次性达到相互融合、共同发展的最高目标。

此外，华为还为合作伙伴提供了相应的开放式eSDK和API标准接口，这也是华为为面向行业市场的合作伙伴提供的二次开发平台。同时，华为还为合作伙伴、开发者等提供了相应的支持平台、赋能平台等，并对客户进行相应的技术培训。在联合营销方面，华为还逐渐加大了与合作伙伴一起面向最终客户的联合营销，从而突出价值行业的重点投入，提高市场发展基金的整体额度。

除了可以享受到华为的种种政策带来的好处外，华为的合作伙伴还可以享受到华为的激励基金政策，这也是合作伙伴们最喜欢华为的一点。2016年，华为在自己的合作伙伴方面就投入了数千万的激励基金，用以提升合作伙伴的技术能力和水平。而对于ISV，华为更是倾力投入了上亿元的资金，用于人才培训、联合营销以及技术解决方案的开发，等等。

所有的这一切，在任正非看来都是值得的，也是华为会一直坚持做的。因为基于生态系统的开放竞争属于行业的主导力量，而要构筑一个良好的生态圈平台，光依靠渠道政策是远远不够的，更要落实到其中每个人的思想、意识和言行当中。所以，华为付出的这一切努力，就是为了能够与合作伙伴共同构建一个健康、安全、可持续发展的良性生态环境。

9.5 与三星的专利大战

进入21世纪后，华为不仅在企业网、云计算等领域获得了出色的战绩，在国际化战略上也未曾止步，而是继续在国际市场上严阵以待，准备随时应对竞争对手的挑战。

在进军全球市场时，虽然华为遭遇了多次挫折，但大多数情况下都有所斩获，并逐渐在非洲、拉美、欧洲等地区铺开了市场。然而有一个市场，对于任正非和华为来说，却是最艰难的一个战场，这个战场就是美国。在这个战场上，华为遭遇的竞争和市场冲突要远远超过其他国家和地区。

在刚刚进入北美市场时，华为就遭遇到第一个强大的对手——思科，两者甚至还展开了一场震惊全球的“世纪之讼”。虽然这场诉讼对于华为来说非常艰难，但最终的结局却是因祸得福。因为这场诉讼，华为在美国的知名度开始快速提升，并被越来越多的美国客户所接受和喜爱。

然而，当华为以崭新的姿态站在美国市场的前沿时，又让另一个竞争对手感到了巨大的威胁。这个对手就是三星。

迄今为止，三星集团都是韩国最大的一家全球性企业，位居世界500强的前列，并以遍布于全球的旗下子公司而著称于世。这些子公司包括三星电子、三星航空、三星物产、三星人寿保险等，业务涉及非常广泛，既囊括了电子、金融，又包含有化学、机械、地产等多个领域。

华为开始投资智能手机的研发后，所取得的成就人所共知。随着各项技术的成熟及市场范围的逐渐扩大，能与华为相匹敌的，就只剩下了苹果和三星。根据任正非的规划，华为预期在5年之内，在核心竞争力上超越三星。毫无疑问，华为的发展速度和发展势头已经让三星感到不安。

在美国市场上，三星和华为仍然是激烈的竞争对手。虽然都不属于美国的本土企业，但两个来自东方的世界级大企业却在美国市场上展开了一场激烈的对战。

2016年5月25日，美国加利福尼亚州北区法院和中国深圳的中级人民法院均收到了来自华为的诉讼申请，起诉三星公司在知识产权方面侵犯了自己的权利，要求三星“就其知识产权侵权行为对华为进行赔偿”。其中，华为所说的知识产权，包括通信技术体系中的专利和手机软件。

在这次诉讼中，华为的官方声明显示：“作为主要的移动通信标准必要专利权人，华为致力于在‘公平、合理、无歧视’的原则基础上进行专利许可，但华为认为其有权从使用其技术但未获得专利许可的公司获得合理赔偿。”同时，华为还要求三星“尊重华为的研发和知识产权成果，停止其在未获得许可的情况下的专利侵权行为，以积极合作的态度与华为共同推进产业进步”。

华为不是一个吝啬的企业，在多年的发展中，一直很愿意与伙伴们分享、共享专利资源。依托数目庞大的专利，华为还建立了一条广泛的“统一战线”，吸引了多家业界公司与之签署了相关的专利许可协议。

不过，华为在专利的授权和使用上的慷慨也并非没有限度，一旦被人触碰底线，华为仍然当仁不让。哪怕是苹果这样的企业巨头，在共享华为的专利之前，也要向华为缴纳相应的费用。

从2015年起，本着“共赢”的原则，华为与苹果公司开始了业务上的深层合作。在这之后，华为向苹果公司发放的专利许可多达700多件，同时也获得了苹果公司的几十件专利许可项目。并且随着苹果公司对华为专利的越来越依赖，华为将得到不少于1亿美元的专利使用费。基于此，华为在美国市场上的地位空前提高，从迈入美国市场到2015年年末，华为在美国授权的专利数量已经超过了5000件，同时覆盖着GSM、UMTS、LTE等无线通信技术。

对于这样的强势对手，三星也不甘示弱。2015年，三星获得的专利数量高达7500多件，居于全球首位，在数量上领先华为。面对这样的形势，任正非也感到了压力，但他仍敢于率先发难，因为他很清楚，专利就是“巨头之间竞争常用的手段之一”，以前华为与中兴、思科的较量，让任正非对此有了非常清晰的认识。

更关键的是，从2012年起，苹果公司就曾以三星的第一代Galaxy手机与苹果iPhone过高的相似度而对三星提起了诉讼。这场诉讼一直拖到2015年年末，也仍然没有一个明确的定论。在这场诉讼中，一旦三星败诉，就要向苹果公司支付5亿美元的赔偿。

在这种情势下，任正非觉得，此刻向三星提起诉讼，对于“华为逆袭”三星有着很大的帮助。而且从战略上看，华为也已经具备了向三星挑战的实力。

实际上，在这场诉讼的背后，隐藏的正是双方为争夺日益激烈的智能手机市场，试图重新划分市场份额。根据Gartner2016年的一组数据显示，在2016年第一季度，三星手机的市场占有率为23.2%，其次为苹果的14.8%，华为的市场份额曾提升至8.3%，稳居第三位。对于华为来说，要进一步扩大市场份额，就必须面对三星和苹果两个强劲的对手。而华为率先打响与三星的专利战，不仅在于对自身知识产权的保护，更是试图通过这一战提升自身在全球与三星、苹果的平等地位。

面对华为的专利诉讼，2016年7月，三星进行了反诉讼，在多方提出了对华为的专利侵权诉讼。在起诉书中，三星表示自己为“用于在移动通信系统中发送和接收随机化小区间干扰的控制信息的方法和装置”“记录活动图像数据的方法和数码照相机”等6件专利的专利权人。而三星却发现华为的Mate8、荣耀等手机和平板电脑上分别使用了该专利权，由此认为华为侵犯了三星的专利权，要求华为马上停止生产、销售、许诺销售等侵权行为，并要求华为为此赔偿巨额经济损失。

自从华为与三星的专利大战打响后，这次战役便在业界掀起了不小的波澜。多数人认为，这是已经拥有专利积累的中国企业首次在国际舞台上亮相，不管诉讼的结果如何，这件事本身已经成为中国制造业的胜利。

2017年4月，泉州中级人民法院受理了华为诉三星专利侵权一案，并认定三星共计有22款产品构成专利侵权，故判决三星公司停止制造、许诺销售共计22款Galaxy系列手机。同时，判决三星赔偿华为经济损失8000万元。

对于法院的判决，三星表示不满，并很快宣告复议。但经专利局多次审查认为，三星提交的复议理由均不成立，因此驳回三星的复议请求。而对于三星起诉华为专利侵权的16件专利中，经国家知识产权局专利复审委员会审议，有10件都被宣告无效。这也表明，不管是起诉还是防御，在这场专利对抗中，三星都越来越处于弱势。

2017年12月，福建省高级人员法院审理后做出终审判决，驳回三星的上诉请求，三星需支付华为8000多万元的侵权赔偿费，并立即停产、停售共计23款三星手机。2018年1月11日上午，华为诉三星公司等侵害发明专利权纠纷案在深圳中院公开宣判，判决三星在中国生产销售的4G手机侵犯华为两项专利权，三星应立即停止制造、销售、允许销售等侵害华为专利权的行为。

至此，华为与三星的这场轰轰烈烈的知识产权纠纷案算是暂时告一段落，华为又在全球市场上扬眉吐气了一回。

没有永远的朋友，也没有永远的敌人，只有永远的利益。在二审判决后不久，三星再次上诉到广东高院，但在广东高院的多次调解下，华为和三星最终达成了和解。当然，对于华为来说，不论这场诉讼的结果如何，也不管和解的条件怎样，通过这一次的专利大战，华为都进一步扩大了自己在国际市场上的品牌影响力。这也再一次为日后任正非带领华为赶超三星、苹果提供了强大的助推力。

9.6 华为手机：全球第一不再遥远

曾有人开玩笑说：当初华为只做通信设备时，大家认为华为就是个设备供应商；等到华为做手机时，大家又以为华为只是做手机的。由此可见，如今的华为手机有多出名！

一直以来，在核心技术方面对国外产品依赖性太强，曾是中国企业最大的软肋和短板。在华为之前，国人所使用的智能手机要么是国外的产品，如苹果、三星，要么就是国产的“山寨货”。基于此，中国也一度被称为“山寨大国”，没有自主研发的产品。

这种形势对于有着十几亿人口的中国来说，无疑是很可悲的。而在全球手机行业中，能否自己研发制造出芯片，也已成为业界衡量一家硬件公司是否具有核心竞争力的重要指标。作为全球通信技术“领跑者”的华为，是否能在智能手机市场独占鳌头，与能不能做出自己的芯片同样息息相关。

有业内人士指出，产业发展到高级阶段，竞争的核心已经不再是掌控技术本身，而是能否控制住产业的生态，在此后的4G、5G时代，能够得“芯”者，才能得天下。对于这一点，也正如任正非所说的那样：“质量是一种能力的体现，芯片则是华为最为核心的竞争力。如果不能自己控制芯片，改进产品就只能依靠别人。”

大家都知道，谷歌的安卓系统几乎垄断了所有的国产手机，而手机的核心灵魂——芯片，则被美国高通所垄断。面对这种系统、芯片都被国外企业垄断的局面，坚持“中华有为”的任正非自然是看不下去的。为此，华为也勇敢地站出来，承担起突破难关的这一重任。

其实任正非做手机，最早源于一个失败的产品。1998年春节前夕，华为生产部发了一个文件：华为生产的高档无绳电话，买回家孝敬父母。最后三天，优惠清仓！

一些员工见手机便宜，便兴冲冲地买回去送给父母，结果大丢面子：这款所谓的“高档”无绳电话根本就是废铁一块，用不了！

还有比这更惨的，就是很多无绳电话机用来给客户送礼，结果自然是故障不断，让华为声誉大损。

从这以后，任正非便再也不提做任何终端产品。甚至在几年后，当听到研发部提出要研发手机时还大发雷霆，斩钉截铁地说：“华为不做手机！”

偏偏就在1998年，国家出台了《关于加快移动通信产业发展的若干意见》，提出手机生产必须获得牌照许可，同时规定在华外资企业生产的手机必须拿出60%销往海外市场。很明显，国家这是要给国产手机留出一块试验田。

在这一“意见”出台后不久，波导、科健、夏新、迪比特、中兴、

TCL等相继取得了生产手机的牌照，并一举改变了国外手机占据90%中国市场的局面。到了2003年，国产手机在国内市场的占有份额已经达到50%，占据了半壁江山。

但是，国产手机虽然品牌繁多，占有的市场份额也不少，可有个大问题，就是绝大部分都是贴牌产品，即所谓的“山寨货”。

2004年后，原来的“牌照制”改成了“核准制”，国产手机开始大批消亡，即使侥幸生存下来的几种，也都是难以维系。

在这5年当中，任正非一直没碰手机市场，他正带着华为忙于应付思科的官司、忙着打压李一男的港湾，同时还要治疗自己的抑郁症和癌症。

机缘巧合的是，华为因为GSM获得巨大成功，又顺势开始研发3G业务。而3G业务要开展，就必须有手机，否则照样卖不出去。回想当初的历程，任正非后来感慨地说：“最初华为做终端的原因，是因为当年我们的3G网络设备卖不出去，没有终端。自己做终端，我们又什么都不懂，首台终端有多大？我们整整装满了一辆考斯特。于是我们就买来十多辆考斯特，围着上海转圈，目的是帮助网络测试过关。等3G做出来后，首先出口到阿联酋，但没有终端就无法销售，我们向日本其他厂家购买，没有一个厂家愿意卖给我们一台终端。它们都已经被其他运营商包销了，我们这才被迫开始自己来做。”

2002年年底，任正非大笔一挥，决心拿出10亿元来做手机。这10亿元，大约是当时处于“冬天”时期的华为一年的利润。而这也正是任正非的个性：既然决定做某件事，就倾尽全力，绝不给自己留后路。

2003年，华为设立了手机部门，开始进行华为手机芯片的研发，希望可以做出属于自己的有更好体验的终端。

2004年，华为海思半导体有限公司成立，这也是华为正式进军终端市场的体现。海思的前身是创建于1991年的华为集成电路设计中心，总部位于深圳，后来又在北京、上海、美国硅谷等地设立了分部。其产品覆盖有无线网络、固定网络、数字媒体等领域的芯片及解决方案等。

2007年，乔布斯的“苹果”智能手机横空出世，重新定义了手机，并以火箭般蹿起的速度成为世界第一。很快，智能机消灭功能机的趋势越来越明显。而在国内市场上，由中兴、华为、酷派和联想四家公司组成的“中华酷联”还在捧着运营商的饭碗不肯松手。但运营商压价厉害，导致手机质量和功能大受影响，在这种情况下，华为手机和其他手机一样，都不可避免地被打上了低端手机的标签。

2008年，任正非甚至打算卖掉华为手机，本来已经找好了买家，没想到几天后，美国次贷危机爆发，买方出价一下降了很多，还加上了一堆强制性的条件，这让任正非很气恼。一气之下，干脆不卖了！后来华为智能手机上市后，大家还纷纷感慨：“如果再早几天，这件事就办成了！”没想到世间的事就是这么福祸相依，你不知道哪棵树上会结出果子。幸亏当时华为没有卖掉手机，否则现在就没有这么强悍的华为手机了。

既然不卖了，那就继续自己研发吧。2009年，华为首次发布了第一款四核手机华为D1，其中采取的是海思K3V2处理器，一举跻身于全球顶级智能手机处理器行列。虽然这款芯片也有许多不足之处，比如有些发热和GPU兼容等问题，但这些仍然不能阻止它成为一款成功的芯片。这也代表着华为在智能手机芯片市场上的首次技术突破。

2013年年底，快速发展的华为又紧跟世界通信技术发展的步伐，研发出了一款更为先进、精确的芯片——华为麒麟。随后，麒麟芯片系列开始相继研发成功，性能和兼容性也越来越趋于稳定。

2015年11月5日，业内期待许久的华为海思麒麟950智能手机芯片发布，因具备多项自主创新技术，而获得了业界的广泛好评。甚至有媒体用“逆天”二字作为文章标题，来形容华为的这款芯片的卓越性能。

当然，华为麒麟芯片至今还尚未对其他手机厂商开放，但已经切入到电视市场。2015年10月，海思的一款芯片被酷开选用在其最新推出的电视新品当中。由此也可以看出，华为正在试图打造一种新的生态系统，这种生态系统主要围绕手机进行，通过麒麟芯片再延伸到平板、手环及智能家居中，并获得极致的用户体验。

作为中国手机行业中唯一可以与苹果、三星等国际巨头企业进行挑战的厂商，海思麒麟950芯片的研发成功后，颇受业界的追捧。而且，麒麟芯片也已带领华为海思迈入了全球手机芯片的第一战营，与高通相比肩，并直接提升了华为在智能手机市场上的竞争力。配置海思麒麟芯片的华为P9、Mate8等多款热销的高端智能手机，不仅功能强大，功耗还明显降低，这也提升了华为智能手机在其他方面的创新空间。

2016年10月19日，华为再次宣布，其自主研发的新一代芯片麒麟960再次超越高通，令国产高端芯片制造迎来了更大的一次飞跃，同时也让全球手机厂商又多了一个新的选择。

从麒麟960使用的创新技术来看，华为高端芯片研发周期基本控制在一年的产品迭代周期上，这也证明华为的技术研发实力已经有了大幅提升。而且，华为麒麟960的多个指标都已超越高通，这表明中国高端芯片也是行得通的，对国内芯片行业的研发和使用具有积极的意义。

2016年11月3日，搭载全新“麒麟960”芯片的年度旗舰新机——华为Mate9在德国慕尼黑全球首发。

这款智能手机不仅在摄影技术和体验上有了新的突破，给用户带来了革命性安卓新体验，而且还从芯片和系统两方面进行了深度优化，从而保证用户长期使用仍可以获得流畅的使用体验。此外，Mate9在充电方面也实现了革命性的升级，给客户带来了更为全面、突出的极致用户体验。

11月16日，在第三届世界互联网大会上，来自全世界的15项互联网领先科技成果在大会上展出，其中，来自中国华为的麒麟960由于“针对全球互联网用户的痛点，在智能终端最受关注的性能体验、安全可信、通信、拍照等方面，取得了创新性突破”，从而荣列第三届世界互联网大会“领先科技成果”。这既是对华为科技成果的认可，也是对“中国制造”的认可。

在最近3年，华为海思可谓出尽了风头，不管是荣耀品牌下的荣耀7、荣耀8、荣耀V10，还是华为P9、P20、Mate9、Mate10系列，都搭载了华为麒麟芯片，并且其性能等也受到了消费者的好评。在这个层面上，华为系列手机产品确实激发了国人的民族自豪感。华为手机已经成为当之无愧的国货精品，代表了中国制造的技术创新能力，也代表着中国制造的品牌创新能力。

十年磨一剑，华为海思的经历证明了这样一个道理：要想在集成电路领域领先，不仅仅需要尖端的人才和巨额的投入，还需要足够的耐心和坚持。而强大的技术后盾和研发能力，则是华为手机制胜的关键。性能不输于对手，甚至有所超越，价格却便宜很多，正是华为产品纵横天下的一贯特点。可以说，华为的核心就是它的过硬技术，而不是营销。

2019年，在华为的第一季财务报告中，最惹眼的数字就是华为手机全球发货量超过了5900万台，而且仍处于高速增长的趋势中。虽然受美国贸易战的影响，后期手机销量可能会暂时受到影响，但展望未来，相信华为海思仍会带给我们更多的惊喜。

不想当英雄的英雄任正非，带领着不断奔跑的华为，最终还会跑多远？

让我们翘首以待。

附录1：华为大事年表

1987年：创立于深圳，成为一家生产用户交换机（PBX）的香港公司的销售代理。

1990年：开始自主研发面向酒店与小企业的PBX技术并进行商用。

1992年：开始研发并推出农村数字交换解决方案。

1995年：销售额达15亿元人民币，主要来自中国农村市场。

1997年：推出无线GSM解决方案，并于1998年将市场拓展到中国主要城市。

1999年：在印度班加罗尔设立研发中心。该研发中心分别于2001年和2003年获得CMM4级认证、CMM5级认证。

2000年：在瑞典首都斯德哥尔摩设立研发中心。海外市场销售额达1亿美元。

2001年：以7.5亿美元的价格将非核心子公司Avansys卖给爱默

生。在美国设立4个研发中心。加入国际电信联盟（ITU）。

2002年：海外市场销售额达5.52亿美元。

2003年：与3Com合作成立合资公司，专注于企业数据网络解决方案的研究。

2004年：与西门子合作成立合资公司，开发TD-SCDMA解决方案。获得荷兰运营商Telfort价值超过2500万美元的合同，首次实现在欧洲的重大突破。

2005年：海外合同销售额首次超过国内合同销售额。与沃达丰签署《全球框架协议》，正式成为沃达丰优选通信设备供应商。成为英国电信（简称BT）首选的21世纪网络供应商，为BT21世纪网络提供多业务网络接入(MSAN)部件和传输设备。

2006年：以8.8亿美元的价格出售H3C公司49%的股份。与摩托罗拉合作，在上海成立联合研发中心，开发UMTS技术。推出新的企业标识，新标识充分体现了聚焦客户、创新、稳健增长和和谐的精神。

2007年：与赛门铁克合作成立合资公司，开发存储和安全产品与解决方案。与Global Marine合作成立合资公司，提供海缆端到端网络解决方案。在2007年年底成为欧洲所有顶级运营商的合作伙伴。被沃达丰授予“2007杰出表现奖”，是唯一获此奖项的电信网络解决方案供应商。推出基于全IP网络的移动固定融合（FMC）解决方案战略，帮助电信运营商节省运作总成本，减少能源消耗。

2008年：被商业周刊评为全球十大最有影响力的公司。根据Informa的咨询报告，华为在移动设备市场领域排名全球第三。首次在北美大规模商用UMTS/HSPA网络，为加拿大运营商Telus和Bell建设下一代无线网络。移动宽带产品全球累计发货量超过2000万部，根据ABI的数据显示，市场份额位列全球第一。全年共递交1737件PCT专利申请，据世界知识产权组织统计，在2008年专利申请公司（人）排名榜上排名第一；LTE专利数占全球10%以上。

2009年：无线接入市场份额跻身全球第二。成功交付全球首个LTE/EPC商用网络，获得的LTE商用合同数居全球首位。率先发布从路由器到传输系统的端到端100G解决方案。获得IEEE标准组织2009年度杰出公司贡献奖。获英国《金融时报》颁发的“业务新锐奖”，并入选美国*Fast Company*杂志评选的最具创新力公司前五强。主要产品都实现资源消耗同比降低20%以上，在全球部署了3000多个新能源供电解决方案站点。

2010年：全球部署超过80个SingleRAN商用网络，其中28个已商用发布或即将发布LTE/EPC业务。在英国成立安全认证中心。与中国工业和信息化部签署节能自愿协议。加入联合国世界宽带委员会。获英国《经济学人》杂志2010年度公司创新大奖。

2011年：发布GigaSite解决方案和泛在超宽带网络架构U2Net。建设了20个云计算数据中心。智能手机销售量达到2000万部。以5.3亿美元收购华赛。整合成立了“2012实验室”。发布HUAWEI SmartCare解决方案。在全球范围内囊获6大LTE顶级奖项。

2012年：持续推进全球本地化经营，加强了在欧洲的投资，重点加大了对英国的投资，在芬兰新建研发中心，并在法国和英国成立了本地董事会和咨询委员会。在3GPP LTE核心标准中贡献了全球通过提案总数的20%。发布业界首个400G DWDM光传送系统，在IP领域发布业界容量最大的480G线路板。和全球33个国家的客户开展云计算合作，并建设了7万人规模的全球最大的桌面云。推出的Ascend P1、Ascend

D1四核、荣耀等中高端旗舰产品在发达国家热销。

2013年：全球财务风险控制中心在英国伦敦成立，监管华为全球财务运营风险，确保财经业务规范、高效、低风险地运行；欧洲物流中心在匈牙利正式投入运营，辐射欧洲、中亚、中东非洲国家。作为欧盟5G项目主要推动者、英国5G创新中心（5GIC）的发起者，发布5G白皮书，积极构建5G全球生态圈，并与全球20多所大学开展紧密的联合研究；华为对构建无线未来技术发展、行业标准和产业链积极贡献力量。400G路由器商用方案得到49个客户的认可并规模投入商用；此外，华为还率先发布了骨干路由器1T路由线卡，以及40T超大容量的波分样机和全光交换网络AOSN新架构。持续领跑全球LTE商用部署，已经进入了全球100多个首都城市，覆盖九大金融中心。发布全球首个以业务和用户体验为中心的敏捷网络架构及全球首款敏捷交换机S12700，满足云计算、BYOD、SDN、物联网、多业务以及大数据等新应用的需求。以消费者为中心，以行践言（Make it Possible）持续聚焦精品战略，其中旗舰机型华为Ascend P6实现了品牌、利润双赢，智能手机业务获得历史性突破，进入全球TOP3，华为手机品牌知名度全球同比增长110%。

2014年：在世界移动通信大会上推出全球最小的运营级路由器——原子路由器。《财富》世界500强中华为排行全球第285位，比上年相比上升了30位。Interbrand在纽约发布的“最佳全球品牌”排行榜中，华为排名第94位，成为中国首个进入Interbrand TOP100榜单的企业。

2015年：全球领先品牌咨询公司BrandZ发布的2015年度“全球最具价值品牌百强榜”，华为公司首次入围，名列第70位。评为新浪科技2014年度风云榜年度杰出企业。

2016：在美国发布新机G8X，全面进军美国市场。宣布梅西成为华为全球品牌形象大使，并代言新机华为Mate8。华为荣耀正式发布V

系列首款旗舰新机荣耀V8，搭载麒麟960处理器。

2017：发布华为全新旗舰——HUAWEI P10/P10 Plus。正式发布麒麟970，成为全球首款内置神经元网络单元（NPU）的人工智能处理器。Interbrand发布2017年全球最具价值品牌100强排行榜，华为连续第四年入榜，名列第70位。欧盟委员会发布《2017全球企业研发投入排行榜》，华为全球研发投入为104亿欧元（约合人民币811亿元），超越苹果位列全球第六，也是在这份榜单前50位中唯一上榜的中国企业。

2018：发布AI战略与全栈全场景AI解决方案。华为云全面进入AI新时代，发布EI城市智能体。发布量子计算模拟器HiQ云服务平台，包括量子计算模拟器与基于模拟器开发的量子编程框架。首发沃土AI开发者使能计划。

附录2：任正非经典语录

1．人是有差距的，要承认差距存在，一个人对自己所处的环境，要有满足感，不要不断地攀比。你们没有对自己付出的努力有一种满足感，就会不断地折磨自己和痛苦着，真是身在福中不知福。这不是宿命，宿命是人知道差距后，而不努力去改变。

2．十年来我天天思考的都是失败，对成功视而不见，也没有什么荣誉感、自豪感，而是危机感，也许是这样才存活了十年。我们大家要一起来想，怎样才能活下去，也许才能存活得久一些。失败这一天是一定会到来，大家要准备迎接，这是我从不动摇的看法，这是历史规律。

3．对于个人来讲，我没有远大的理想，我思考的是这两三年要干什么、如何干，才能活下去。我非常重视近期的管理进步，而不是远期的战略目标。活下去，永远是硬道理。

4．越在最艰难、最困苦的时候，越能磨炼人的意志，越能检验人的道德与良知，越能锻炼人和提高人的技能，也越是我们的队伍建设最重要的时候。检验一个公司或部门是否具备良好的企业文化与组织氛围，不是在企业一帆风顺的时候，而是在遇到困难和挫折的时候，古人讲患难知人心，就是这个道理。

5．世界上一切资源都可能枯竭，只有一种资源可以生生不息，那就是文化。

6．任何一个国家，任何一个民族，都必须把建设自己祖国的信心建立在信任自己的基础上，只有在独立自主的基础上，才会获得平等与尊重。

7．作为一个自然人，受自然规律制约，有其自然生命终结的时间；作为一个法人，虽然不受自然规律的约束，但同样受到社会逻辑的约束。一个人再没本事也可以活60岁，但企业如果没能力，可能连6天也活不下去。如果一个企业的发展能够顺应自然法则和社会法则，其生命可以达到600岁，甚至更长时间。

8．企业发展就是要发展一批狼。狼有三大特性：一是敏锐的嗅觉；二是不屈不挠、奋不顾身的进攻精神；三是群体奋斗的意识。

9．冬天总会过去，春天一定来到。我们趁着冬天，养精蓄锐，加强内部的改造，我们和日本企业一道，度过这严冬。我们定会迎来残雪消融，溪流淙淙，华为的春天也一定会来临。创业难，守成难，知难不难。高科技企业以往的成功，往往是失败之母，在这瞬息万变的信息社会，唯有惶者才能生存。

10．做工作是一种热爱，是一种献身的驱动，是一种机遇和挑战，多么难得，应该珍惜它。认真地做好每一件事，不管是大事，还是小事。目光远大，胸怀开阔，富有责任心，不计较个人的得失。

11. 干部一定要有天降大任于斯人的胸怀、气质。要受得了委屈，特别是做了好事，还受冤枉的委屈。

12. 一个人离开家奋斗是为了获得美好的生活，爱情又是美好生活中最重要的部分，但爱情就像独木桥一样，人家过了，你就不能过。离家已经5年，在残雪消融、溪流淙淙的时候，面对自横的独木桥，真不知别人是否已经过去，心爱的姑娘安在。那种惆怅，那种失落，那种迷茫，成功了又能怎么样？